"河北省社科基金
2020—2021年度项目"
编号 HB20JY037

晋察冀边区

高等教育的
历史经验研究

张金辉

著

中国言实出版社

图书在版编目(CIP)数据

晋察冀边区高等教育的历史经验研究 / 张金辉著.
北京:中国言实出版社,2024. 12. -- ISBN 978-7-
5171-4683-4

Ⅰ. G649.296

中国国家版本馆CIP数据核字第2024V0T861号

晋察冀边区高等教育的历史经验研究

责任编辑:史会美
责任校对:王建玲

出版发行:中国言实出版社

　　　　地　　址:北京市朝阳区北苑路180号加利大厦5号楼105室
　　　　邮　　编:100101
　　　　编辑部:北京市海淀区花园北路35号院9号楼302室
　　　　邮　　编:100083
　　　　电　　话:010-64924853(总编室)　010-64924716(发行部)
　　　　网　　址:www.zgyscbs.cn　电子邮箱:zgyscbs@263.net

经　　销:新华书店
印　　刷:北京虎彩文化传播有限公司
版　　次:2025年1月第1版　2025年1月第1次印刷
规　　格:710毫米×1000毫米　1/16　17.75印张
字　　数:200千字

定　　价:68.00元
书　　号:ISBN 978-7-5171-4683-4

目 录

第一章　绪论 ·· 001

　　一、研究意义与研究价值 ································· 002

　　二、研究现状与研究重点 ································· 004

　　三、研究思路与研究方法 ································· 009

　　四、基本观点与主要创新 ································· 011

第二章　晋察冀边区高等教育的发展历程 ················· 015

　　一、抗日战争时期：初创与艰难发展 ············· 016

　　二、争取和平民主时期：稳定正规化发展 ········· 051

　　三、解放战争时期：恢复与迅速发展 ············· 086

第三章　晋察冀边区高等学校的创办模式 ················· 112

　　一、自主创建与转战迁驻并举 ······················· 113

　　二、合并办学与恢复扩建结合 ······················· 130

　　三、接管改造与裁减撤销统一 ······················· 145

第四章　晋察冀边区高等教育的方针政策……………………………… 156

一、贯彻落实为抗战服务的教育方针 ……………………… 157

二、新民主主义教育方针的初步探索 ……………………… 171

三、新民主主义教育方针的贯彻执行 ……………………… 182

第五章　晋察冀边区高等教育的主要成就……………………………… 199

一、培育了大量革命与建设人才 ………………………… 200

二、接管华北地区高校的中坚力量 ……………………… 208

三、奠定了新中国高等教育的重要基石 ………………… 213

第六章　晋察冀边区高等教育的经验启示……………………………… 219

一、德育：坚持政治教育，培养奉献精神 ……………… 220

二、智育：教学严谨规范，理论联系实际 ……………… 225

三、体育：贯彻军事训练，融入日常教学 ……………… 231

四、美育：结合意识形态，形式丰富多彩 ……………… 237

五、劳育：积极服务社会，教育生产结合 ……………… 250

附表：晋察冀边区各高校课程设置表汇总 ……………… 254

主要参考文献………………………………………………………… 258

后　记………………………………………………………………… 272

第一章　绪论

　　自 1937 年 11 月晋察冀军区公开宣告成立，至 1948 年 5 月晋察冀与晋冀鲁豫两大解放区合并为华北解放区，晋察冀边区的建制存在了十余年时间，前后经历了抗日战争、争取实现国内和平民主与解放战争三个历史时期。晋察冀边区高等教育历经战争烽火的洗礼，从战时短期训练到稳定正规化办学，积累了扎根中国大地办学的宝贵经验，对当代中国特色高等教育的发展具有重要启示。

一、研究意义与研究价值

（一）研究意义

1. 理论层面：再现高等教育中红色文化积淀和红色基因传承过程

晋察冀边区作为"敌后模范抗日根据地及统一战线模范区"[①]和"新中国的一个雏形"[②]，通过自主创建、转战迁驻、合并办学、恢复扩建、接管改造、裁减撤销[③]等方式，创办了众多旨在培养革命干部和专门技术人才的红色大学。以时间（1937—1949）为经，以晋察冀边区的主要辖区为纬，以中国共产党领导下红色大学开展的高等教育为面，追溯晋察冀边区高等教育的发展历程，能够再现中国共产党领导下高等教育由短期培训向稳定正规化办学转变、教育体系由"战时"向"平时"过渡的艰难历程，从而揭示

[①] 中共扩大的六中全会主席团致晋察冀边区电（1938.10.5）[A].《晋察冀抗日根据地》史料丛书编审委员会，中央档案馆. 晋察冀抗日根据地（第1册）文献选编（上）[M]. 北京：中共党史资料出版社，1989：199.

[②] 李公朴. 华北敌后：晋察冀[M]. 山西山行文化出版社，1940：序.

[③] 本著将"裁减撤销"作为晋察冀边区高等教育创办方式之一，是因为在晋察冀边区"裁减撤销"是与"接管改造"并存的高校创办方式之一。裁减撤销不适合时代或不符合人民利益的旧高校和伪高校，一方面能够为建立符合时代发展和人民需求的高等教育体系创造条件，另一方面，也能充分利用旧高校和伪高校的资源为晋察冀边区高等教育发展服务，从而为党的高等教育建设和发展奠定基础。

晋察冀边区高等教育，乃至中国高等教育中红色文化积淀和红色基因传承的必然联系。

2. 现实层面：总结与借鉴高等学校扎根中国大地办学的历史经验

晋察冀边区各高校在革命战争年代不断发展壮大，不仅出色地完成了为革命战争和边区建设培养和输送革命干部和专门技术人才的任务，而且适时开展了高等教育正规化的探索，初步建立起新型正规化的高等教育体系，是中国共产党领导高等学校扎根中国大地办学的早期实践，积累了高等教育建设与管理的宝贵历史经验，为当前中国式现代化与一流大学建设与发展提供了历史镜鉴。

（二）研究价值

1. 丰富中国教育史特别是高等教育史的研究

本著将晋察冀边区高等教育及其历史经验作为专门的研究领域，搜集和整理了大量有关晋察冀边区高等教育的历史资料，收录了主要高等学校（包括具有高等教育性质的干部学校、干部训练班和专门技术学校）在晋察冀边区办学的宝贵文献资料、历史档案与图片，采访了大量亲历者，积累了宝贵的第一手资料。本著在写作过程中，遵循史论结合的原则，通过反复对比、多方佐证，力求更加真实、直观地反映晋察冀边区高等教育的发展状况，如根据相关文献和历史资料，整理和制作了部分图表，向读者直观、清晰地再现了晋察冀边区高等教育的发展历程，也展现出中国共产党领导下的高等教育在战争环境中艰难创立、持续发展，并为中国革命和建设作出重要贡献的曲折过程。

2.揭示高等教育中红色元素的积淀过程

本著的核心内容是对晋察冀边区高等教育的发展历程、主要成就与历史经验的研究，力图通过主要高等学校办学历程的案例剖析，概括晋察冀边区高等教育各个发展阶段的主要特征，总结其发展过程中的中国经验。在研究过程中，本著不仅借助翔实的历史资料再现了各阶段主要高等学校的办学情况，还揭示了高等教育中红色元素积淀的过程，及其在红色基因的传承与弘扬方面的重要作用，这对当代中国高等教育中红色基因的赓续具有现实启示。

二、研究现状与研究重点

（一）研究现状

1.分散研究多，全面概括少

目前学界对晋察冀边区高等教育经验的研究，主要是分散在各高等学校研究中进行的。如《中国共产党创办新型高等教育的历史、理论与实践——中国人民大学 80 年办学经验总结》（齐鹏飞，2018）、《中国人民大学前身时期对新中国高等教育的意义》（刘向兵、梁敬芝、万静，2010）、《内蒙古军政学院探析》（张金辉、郎琦、治丹丹，2018）、《中国人民大学办学正规化现代化的重要时期——华北联大在张家口办学的历史考察与价值分析》（张金辉、郎琦，2013）、《内蒙古自治学院探析》（李玉伟、刘翰伦，2012）、《培养工业技术干部的摇篮：晋察冀边区工业专门学校》（杨红彬，2011）、《尘封的历史：中国医科大学在晋察冀首府张家口办学的几点考释》（张金辉、刘恋、潘春婷、郎琦，2021）、《晋察冀边区工业专门学校在张家口的创办及主要经验》（张金辉、郎琦，2022），等等。这些研究较为分散，缺乏全面性，未能整体概括晋察冀边区高等教育积累的历史经验。

2. 分段研究多，整体研究少

目前学界侧重于对解放区某一具体历史阶段高等教育的研究，如《晋察冀边区首府张家口高等教育探研》（郎琦、张金辉、肖守库，2016）、《抗日时期解放区、国统区和日伪区的高等教育》（吴君吉，2010）、《抗日战争时期解放区高等教育》（曲士培，2005）等，而对高等教育的经验总结没有连续性与整体性，更没有总结出中国共产党领导红色大学在晋察冀边区这片土地上扎根办学所积累的宝贵中国经验。

3. 情景再现多，理论研究少

多年来，虽有少数学者专门研究晋察冀边区高等教育，但也多以史实研究甚至是资料汇编为主，极少对其历史经验进行总结。如《晋察冀边区教育资料选编》（王谦，1990）、《老解放区教育工作回忆录》（上海教育出版社，1979）等。即便是《晋察冀解放区高等教育研究（1937—1949）》（张金辉，2018），作为一本研究晋察冀边区高等教育的学术专著，也只是在系统梳理晋察冀边区高等教育的发展历史后，简单地总结了其主要经验，情景再现式叙述远多于理论概括。该著既没有系统地总结、探究中国共产党扎根晋察冀边区创办红色大学所取得的特殊经验，也没有比较、分析晋察冀边区与延安等其他解放区高等教育经验的区别与联系，更没有从全局的角度分析和总结晋察冀边区高等教育的历史经验在高等教育的中国经验形成过程中的贡献和作用。因此，该问题亟待开展接续研究，总结历史经验以探求如何办好新时代中国特色高等教育。

4. 总述研究多，专门研究少

目前学界多是在教育史、高等教育史、解放区高等教育和干部教育等研究中，对高等教育经验进行或简单，或整体性的笼统概括，缺乏对晋察冀边区高等教育历史经验进行专门有针对性的研究。如《中国共产党创建和领导的高等教育研究（上）》（盖青，2012）、《扎根中国大地办大学——中国共产党创办新型高等教育八十年论坛综述》（周光礼、薛欣欣，2017）、《努力探索中国高等教育的"中国经验"》（邬大光，2019）《"一五"时期中国高等教育探索发展的"鉴"与"戒"》（童锋、夏泉，2020）等，均是将晋察冀边区的高等教育作为"中国共产党在根据地创办的红色大学"和"延安模式"影响下的解放区高等教育的一部分，笼统地概括了中国共产党领导高等教育的总体经验，对晋察冀边区的红色大学在中国特色高等教育发展史上的特殊地位、取得的特殊经验及其作出的特殊贡献等，均没有专门研究。

（二）研究重点

1. 针对"分散研究多，全面概括少"开展综合研究

目前，对晋察冀边区高等教育的研究，主要体现为对域内高校的分散和分别（个例）研究。各主要高校校史、纪事等，均再现了当时学校教学、学生学习和活动的具体史实。同时，山西、河北等地的史志中，有关文化教育的内容，也较为分散地提及了部分高等学校的办学情况。总体而言，研究较为分散，总体性、概括性的研究和探索较为缺乏。对此，本著旨在以综合性研究的方式，全面反映晋察冀边区高等教育发展的总体状况和阶段特征。

2. 针对"分段研究多，整体研究少"拓展研究视角

目前学界侧重于对解放区高等教育某一具体历史阶段发展状况开展研究，这类研究有着重要意义，凸显了某一具体历史阶段

解放区高等教育的特征，但缺乏连续性与整体性。如何体现出晋察冀边区高等教育在敌后战争中建立形成与发展壮大，并从"战时"向"平时"过渡？又如何实现从"游击式"流动办学到稳定正规化办学的转变？需要将研究视角扩展至晋察冀边区的整体发展历程。本著着眼于从抗日战争到和平民主建设再到解放战争的全时段，展现了晋察冀边区高等教育从初创与艰难发展到稳定与正规化发展再到恢复与迅速发展的全过程。

3. 针对"情境再现多，理论研究少"总结办学经验

目前有关晋察冀边区高等教育的著述，以情境再现为主，相对而言，理论性、学术性的研究比较匮乏。相关著述主要是一些亲历者对晋察冀边区高等教育的文字记叙与史实呈现，均为回忆性、记叙性题材的文献资料辑或回忆录，上升到理论高度的研究相对较少。同时，解放区的高等教育，常被学界作为干部教育来研究，且以对主要学校的历史考察为主，对这些学校在高等教育方面所积累的历史经验鲜有专门研究。此外，同样作为解放区的重要组成部分，与延安（邬大光、周文）相比，学界对晋察冀边区高等教育历史经验的专门研究，鲜有涉足。本著的研究不仅能让人直观了解晋察冀边区高等教育在各个发展阶段的真实情境，还将从理论的高度进一步提炼晋察冀边区高等教育的主要特征与历史经验。

4. 针对"总述研究多，专门研究少"深化细节研究

目前有关晋察冀边区高等教育的研究表现为总述研究多，而

专门性研究较为缺乏。一是将晋察冀边区高等教育作为晋察冀教育总体的一部分，融合在相关教育史研究中进行概括或总述，仅涉及晋察冀高等教育的发展概况，点到即止。二是将晋察冀边区高等教育作为根据地、解放区建设的一个相关组成部分，融合在根据地、解放区的文化建设中来探讨进行研究和论述。本著将晋察冀边区高等教育独立出来加以专门研究，深化对各个高校办学历史的细节研究，形成了相对独立的专门性的研究成果。

三、研究思路与研究方法

（一）研究思路

对晋察冀边区高等教育历史经验的研究有两个维度可供选择：一是局限在晋察冀边区的特定区域以及抗日战争与解放战争的特殊历史时期，对晋察冀边区高等教育的经验进行梳理和总结；二是将晋察冀边区高等教育与解放区高等教育的总体经验和高等教育的中国经验相联系，在更广阔的视域下总结晋察冀边区高等教育的特殊经验，分析其对解放区高等教育总体经验和高等教育中国经验的贡献。目前来看，后者的难度更大，但却能为中国式现代化高等教育的建设与发展提供更好的历史镜鉴。

本著主要采用文献研究、比较研究、历史考据和案例分析等方法，通过广泛查阅、收集并整理相关文献，在系统梳理解放区高等教育发展脉络的基础上，通过三层逻辑理路开展研究。首先，对中国共产党领导红色大学扎根晋察冀边区办学的历史经验进行提炼和总结；其次，对晋察冀边区高等教育与高等教育的"延安模式"等其他解放区高等教育的经验进行对比分析；最后，挖掘出晋察冀边区高等教育的特殊历史经验及其现实启示。基于这三层逻辑理路，本著最终分别从德育、智育、体育、美育、劳育五个方面，对晋察冀边区高等教育的历史经验和现实启示进行梳理和呈现。

（二）研究方法

1. 历史考据法

晋察冀边区高等教育的相关资料主要散见于革命老人的回忆录和教育史、高等教育史研究等著作之中。同时，《晋察冀日报》《北方文化论丛》等当时的报刊资料有部分关于晋察冀边区红色大学的报道，革命老区的档案馆、纪念馆里也有少量实物材料。对于这些资料的使用，本著主要采取历史考据的方法，特别是对于回忆性文章，要经过多重比对、佐证，才能加以使用。

2. 实物研究法

在研究过程中，本著不仅收集了大量文献资料，还通过参观档案馆、纪念馆，走访健在的革命老人等形式，收集了大量晋察冀地区高等学校的报道、图片和教学计划、教材等实物材料，力求更加生动直观地再现晋察冀边区高等教育的原貌，做到言之有据，论从史出。

3.案例分析法

通过对华北联合大学（中国人民大学前身）、晋察冀工业专门学校（北京理工大学前身）、白求恩医科大学（吉林大学白求恩医学部前身）、中国医科大学（现中国医科大学）、内蒙古军政学院（内蒙古师范大学前身）、晋察冀行政干部学校（中国劳动关系学院前身）等主要高等学校、干部学校和专门学校办学历史的考察，探究晋察冀边区高等教育发展的整体概况，将个案融于其所存在的社会历史文化背景中，从而更加生动地展现晋察冀边区高等教育的产生与发展，更有针对性地总结各高等学校办学的阶段性、总体性特征及其在高等教育的中国经验积累中的价值与意义。

四、基本观点与主要创新

（一）基本观点

1.六种主要创办模式、三个发展阶段各具特点

通过对晋察冀边区各高等学校、具有高等教育性质的干部学校和专门学校办学历史的考察，发现晋察冀边区高等教育的创办

主要有自主创建、转战迁驻、合并办学、恢复扩建、接管改造、裁减撤销等六种模式。根据解放区的战争形势与建设发展需要，晋察冀边区高等教育经历了初创与艰难发展（1937—1945）、稳定正规化发展（1945—1946）、恢复与迅速发展（1946—1949）三个主要阶段，每个阶段高等教育的发展方针、主要任务和发展状况都各有不同，各具特征。

2. 扎根中国大地办学，积累高等教育的中国经验

通过阶段考察和整体研究，发现晋察冀边区高等教育虽经历了三个各具特点的发展阶段，但总体而言是逐步由"短期流动"向稳定正规化办学过渡，由"旧型"正规化向"新型"正规化发展，最终于1948年与晋冀鲁豫解放区高等教育合并、重组，成为华北解放区高等教育的重要组成部分。通过对各类高等学校课程与教学材料的收集和整理可以发现：晋察冀边区各高等学校，坚持党的领导和思想政治教育，培育学生为人民服务的意识，为抗日战争和解放战争的胜利贡献了力量，为解放区和国家的建设输送了人才，在战火中积累了高等教育的中国经验。

3. 为中国高等教育积淀红色元素，传承红色基因

晋察冀边区高等教育是中国共产党领导下高等教育星火燎原的典范。革命战争年代，域内各高等学校在战争的烈火中淬炼成钢，根据战争形势和解放区乃至国家建设的需要，践行理论联系实际，教育与生产劳动和革命建设相结合，发扬党的光荣传统和优良作

风，将中国共产党革命教育积累的红色元素发扬光大。

（二）主要创新

1.专门对晋察冀边区高等教育进行综合性研究

晋察冀边区高等教育创立与发展的历史，是中国高等教育史乃至中国教育史的重要组成部分。但在以往的高等教育研究中，晋察冀边区高等教育或是存在于总体教育史、高等教育史中，简单粗略地一带而过；或是存在于革命人物的传记、回忆中，理论性、系统化程度不高，也没有详细考证，可信度大打折扣。相比而言，本著对晋察冀边区的高等教育进行了综合性的学术研究。

2.用个案剖析晋察冀边区高等教育的发展历程

在考察主要高等学校办学历史的基础上，总结和梳理晋察冀边区高等教育不同历史时期的办学特征，从而更加直观地展现晋察冀边区高等教育由短期流动向稳定正规化办学的艰难历程，高等教育体系由"战时"向"平时"过渡的艰难探索，清晰地勾勒出中国共产党领导下的晋察冀边区高等教育艰苦卓绝的发展历程。

3.总结晋察冀边区高等教育的宝贵经验，以史为鉴

"以史为鉴，可以知兴替。"对晋察冀边区高等教育的发展历程进行研究，再现中国共产党在革命战争的艰苦环境中，适时地根据战争形势的需求，调整办学方针和策略，领导各高等学校扎根中国大地办学的艰难历程，总结晋察冀边区在战火中积累的高

等教育的宝贵经验。

综上所述，本著以辩证唯物主义和历史唯物主义观点为指导，通过对晋察冀边区高等教育的叙写和研究，帮助人们了解和认识晋察冀边区在各个历史时期制定的有关高等教育方面的一系列方针、政策，让人们更清楚地看到中国共产党领导下的晋察冀边区高等教育工作者所付出的艰苦卓绝的努力，以及在培养革命干部和专门技术人才中发挥的巨大作用。

第二章　晋察冀边区高等教育的发展历程

在晋察冀边区建制存在的 10 余年时间里，历经抗日战争、争取和平民主[①] 和解放战争三个历史时期。在中国革命战争和解放区斗争形势发展的不同阶段，晋察冀边区高等教育的发展策略、主要任务和发展状况都有所不同。总体来看，抗战时期，晋察冀边区高等教育在根据地创立前艰难发展。自晋察冀抗日根据地开辟至抗战胜利，为满足抗日战争对革命干部的需求，晋察冀边区高等教育创立形成，并在局势稍微好转的情况下艰难发展。争取和平民主时期，晋察冀边区高等教育进入城市稳定正规化发展。抗战胜利至全面内战爆发前，在短暂和平时期，晋察冀边区高等教育进行了稳定、正规化办学的初步探索，培养了大批革命干部和专门技术人才，取得了显著成效。解放战争时期，即全面内战爆发至新中国成立前夕，晋察冀边区贯彻新民主主义教育方针的新要求，对高等教

[①] 抗战胜利后至全面内战爆发前，中国共产党有关文件已提出进入"和平民主新阶段"。晋察冀边区的高等教育在此期间经历了在城市稳定发展的特殊历史阶段，因而将争取和平民主作为一个独立发展阶段进行论述。

育进行恢复、调整和重组，晋察冀边区高等教育迅速发展并持续开展新型正规化的实践。晋察冀边区高等教育的初创与艰难发展、稳定正规化发展、恢复与迅速发展三个阶段，既相互联系、一脉相承，又相互区别、各有特点。在艰苦卓绝的革命战争年代，晋察冀边区高等教育在党的领导下，从无到有、由少到多，在战争形势稍微缓和之际，又努力开展从流动的"游击式"办学到稳定正规化办学的探索，最终成为新中国高等教育的重要基础。

一、抗日战争时期：初创与艰难发展

晋察冀边区位于华北抗战的最前线，具有极其重要的战略地位。域内艰苦的自然环境、经济条件和严峻的战争形势等，对高等教育的发展带来了重大挑战。在中国共产党的坚强领导下，晋察冀边区军民艰苦奋斗，创立并逐渐拓展了辖区范围，在边区开展政治、经济、文化、教育等建设工作，为晋察冀边区高等教育的发展创造了较为有利的条件。这一时期，晋察冀边区高等教育可分为创立与形成、初步正规化、缩编与艰难发展、全面恢复四个阶段[1]。1937 年 11 月至 1938 年，晋察冀抗日根据地建立，急需大量各类

---

[1] 从整体发展趋势上看，抗战期间晋察冀边区的高等教育经历了创立与形成、初步正规化、缩编与艰难发展、全面恢复四个阶段，但由于各校办学有着特殊性，创立、正规化、缩编等的时间不完全一致，因而前后两个阶段不可避免地存在 6 个月左右的重叠期。

抗战建国人才，晋察冀边区高等教育随之建立，并在抗战的艰苦环境中初步发展。1938年下半年至1941年下半年，抗战形势稍有好转，晋察冀边区抓紧发展高等教育并积极开展正规化建设。1941年下半年至1943年，抗战局势紧张、条件艰苦，晋察冀边区各高等学校进行整顿，精简人员、缩编机构，渡过了艰难时期，磨炼了师生的革命意志。1943年下半年至1945年8月，抗战局势发生较大转变后，晋察冀边区高等教育迅速恢复并持续发展。[①]

　　这期间，晋察冀边区创办了冀中抗战学院（即河北抗战学院，1938年7月在深县创办）、晋察冀军区卫生学校（1939年9月18日成立，1940年1月5日更名为白求恩学校）、抗战建国学院（1939年9月创办）、冀东抗日军政学校（1943年下半年在迁西山区创立，1944年底更名为冀热辽抗日军政学校）等，迁入了抗日军政大学二分校（1938年12月13日在延安建立，1939年初迁入晋察冀边区）、华北联合大学（1939年7月7日在延安成立，1939年9月底迁入晋察冀边区）等。[②] 这些学校在抗日战争时期大都属于短期训练班性质，但在后续发展过程中，都逐步发展成为高等学校和具有高等教育性质的干部学校，为抗战培养和输送了大批军政干部和专门技术人才。在此基础上，晋察冀边区各高等学校在中国

---

① 张金辉. 晋察冀解放区高等教育研究（1937—1949）[M]. 北京：中国言实出版社，2018：93-106.

② 张金辉. 晋察冀解放区高等教育研究（1937—1949）[M]. 北京：中国言实出版社，2018：152-168、139-151.

共产党的领导下，还开展了初步正规化的探索。虽然，由于当时高等教育建设，主要关注高等教育发展的内部需求，而忽略了中国社会的实际情况，特别是革命战争对高等教育建设的特殊要求，从而导致此次晋察冀边区高等教育的正规化，仅仅只是一次"旧型正规化"的实践，但是此次高等教育正规化建设实践，为中国共产党领导高等教育向"新型正规化"方向发展提供了镜鉴。

（一）晋察冀边区高等教育的创立与形成

七七事变爆发后，在中国共产党的倡议和努力下，国共两党实现第二次合作，抗日民族统一战线形成。党领导的人民军队先后改编为国民革命军第八路军和新编第四军，改编后的八路军立即开赴华北抗战前线。1937年11月，八路军115师一部在聂荣臻的带领下在晋、察、冀三省边境地区，开辟了第一个敌后抗日民主根据地——晋察冀抗日根据地。1938年1月，晋察冀边区政府正式成立，在根据地内开展政治、经济、文化和教育等方面建设，被中共中央和毛泽东同志赞誉为"敌后模范抗日根据地及统一战线的模范区"①。

晋察冀边区地处华北抗日前线，扼守日寇入侵中国腹地的咽喉要道和平汉、同蒲等交通动脉，包围北平、天津、张家口、石家

---

① 中共扩大的六中全会主席团致晋察冀边区电（1938.10.5）[A].《晋察冀抗日根据地》史料丛书编审委员会，中央档案馆.晋察冀抗日根据地（第1册）文献选编（上）[M].北京：中共党史资料出版社，1989：199.

庄和保定等大城市，具有重要的战略地位。域内战争频发，局势紧张，急需大批政治立场坚定的革命干部，以宣传和教育广大人民群众，争取更多人投身革命，共同抵抗日寇的侵略，坚持敌后抗战和进行边区建设。同时也需要大量军工、医务工作者等专门技术人才，开展武器装备制造、战场及后方医疗救护等工作，以达到持久抗战的目的。根据上述需要，1938 年 1 月《晋察冀边区军政民代表大会决议》提出"培养健全的军事政治干部，领导抗战……造就专门技术人才建立抗战时期各种事业"[①]。结合中国共产党长期以来在战争环境中积累的干部教育的丰富经验，晋察冀边区分别于 1937 年底在河北省阜平县成立了晋察冀军政干部学校[②]，1938 年 1 月在山西省五台县成立了晋察冀军区医务训练班[③]。此外，在晋察冀边区下属的冀中区还开办了冀中抗战学院（即河北抗战学院）[④]。

　　1. 晋察冀军政干部学校

　　晋察冀军政干部学校是晋察冀边区创建最早的军政干校，"共办了 3 期，每期约 4 个月，学员大部分是山西、河北的中学生和

① 晋察冀边区军政民代表大会决议案（1938.1.15）[A]. 晋察冀边区阜平县红色档案丛书编委会 . 晋察冀边区法律法规文件汇编（上）[M]. 北京：中共党史出版社，2017：51.

② 张金辉 . 晋察冀解放区高等教育研究（1937—1949）[M]. 北京：中国言实出版社，2018：152-154.

③ 张金辉 . 晋察冀解放区高等教育研究（1937—1949）[M]. 北京：中国言实出版社，2018：154.

④ 曹剑英等 . 晋察冀边区教育史 [M]. 石家庄：河北教育出版社，1995：63-72.

小知识分子，还有几十个天津流亡的大学生"[1]，"也有一部分是从部队选拔的优秀战士和初级干部"[2]。第一期学生有 500 名，共分为一、二、三、四 4 个大队；第二期分为五、六、七、八、九 5 个大队；第三期分为青年队、军事队和政治队 3 个大队。[3] 校长兼政委孙毅，曾历任红军学校作战科长、红三军团教导大队大队长，具有丰富的办学经验。

晋察冀军政干校继承和发扬了党的军政干部教育的优良传统，以培养实际工作干部为办学宗旨，强调理论联系实际、学以致用。在课程方面，学校主要设置军事和政治两类课程。在教学方面，晋察冀军政干校"采取课堂贯彻、专题报告、大会讲、小会说、集体讨论、个别教育等多种方式"[4]，采用教师讲授与学生自学、讨论相结合的方法，根据实际工作的需要和教育内容本身的特点，总结出有关教学的"六大心得"[5]。在管理方面，学校采取严

---

① 曹剑英等. 晋察冀边区教育史 [M]. 石家庄：河北教育出版社，1995：40.

② 皇甫束玉等. 中国革命根据地教育纪事（1927.8—1949.9）[M]. 北京：教育科学出版社，1989：131.

③ 曹剑英等. 晋察冀边区教育史 [M]. 石家庄：河北教育出版社，1995：39—40.

④ 曹剑英等. 晋察冀边区教育史 [M]. 石家庄：河北教育出版社，1995：41.

⑤ 第一是先讲后做，如游击队基本政策等，都在讲过后实地试验；第二是先做后讲，如技术动作等，都在实际练习之后再讲；第三是半做半讲，如基本战术、游击战术等，一面讲，一面做；第四是做后再讲，讲后再做，如游击队基本策略等，做后讲，讲后做，一直讲到学生彻底了解，做到完全没有错误为止；第五是先讨论而后讲，政治课往往采取这样的办法，如中国革命问题、政治常识等；第六是先测验而后讲，这个方法对于讲课很有帮助，因为事先经过测验，学生对一个个问题已经有思索，带着问题听讲，效果更好。（曹剑英等. 晋察冀边区教育史 [M]. 石家庄：河北教育出版社，1995：42.）

格的军事化管理制度，每天进行严格的军事训练，强调纪律教育、军纪军容教育等。

通过密切联系实际的课程设置、富有特色的教学方法和严格的军事化管理，晋察冀军政干校在华北敌后颇有威名。1938年，美国驻华参赞卡尔逊来学校参观后，盛赞学校艰苦奋斗、勤俭办学。"敌人闻之，异常恐惧。北平日伪报纸《庸报》《进报》用大字标语刊载消息：军政干部学校有5000以上学生，专门创造游击队干部，以扰后方"①。足见晋察冀军政干校在当时的影响力。1939年1月，抗大二分校来到晋察冀边区办学后，晋察冀军政干校并入抗大二分校。②

2. 晋察冀军区医务训练班

晋察冀军区医务训练班是白求恩（卫生）学校的前身。1937年11月9日，为发展晋察冀边区的医疗卫生事业，115师军医处处长叶青山③奉命率领军医处人员，在山西五台县河北村组建了晋察冀军区卫生部，叶青山任部长，游胜华④任副部长。军区卫生

---

① 曹剑英等. 晋察冀边区教育史 [M]. 石家庄：河北教育出版社，1995：42.

② 张金辉. 晋察冀解放区高等教育研究（1937—1949）[M]. 北京：中国言实出版社，2018：152.

③ 叶青山（1904—1987），福建省长汀县人。1929年参加革命，同年加入中国共产党，是中国人民解放军卫生事业的创始人之一。新中国成立后，曾任北京军区后勤部副部长等职。

④ 游胜华（1912—1996），江西省万安县人。1930年参加革命，1931年8月加入中国共产主义青年团，1932年转入中国共产党。新中国成立后曾任湖南医学院院长、北京军区后勤部副部长等职。

部除负责救治伤员、战地救护等工作外，还担负着组织卫生机构、培训卫生干部和动员地方医药人员参军等任务，后者是边区卫生建设的中心环节，也是卫生部的中心任务。

为了培训医务人员，适应抗战需求，1938 年 1 月晋察冀军区医务训练班（队）正式成立。"医训班最初设置护士班和调剂班，学制分别 3 个月和 6 个月，第一期护士班招收学员 37 名，调剂班招收学员 15 名。同年 7 月开始招收军医班，学制 10 个月，招收学员 37 名。"[①] 叶青山、游胜华等军区卫生部领导，以及各业务部门的科长王芝元[②]、郭凡、郭晓庭等，均兼任教员并负责具体医务训练工作。

1938 年 6 月，亨利·诺尔曼·白求恩同志从延安来到晋察冀边区，聂荣臻聘请其担任晋察冀军区卫生顾问。白求恩发现边区医务人员严重不足且技术水平极为低下，远不能适应抗战的需要，因而除了开展医疗援助工作外，他还积极开展建立相对正规的卫生学校的筹划工作。一方面，协助整顿医院工作，拟建立一个在职医务人员的示范教育基地；另一方面，还积极编写教材，制订医务人员培训和建校计划。1938 年 9 月，由白求恩倡议创建的"模范医院"在山西省五台县松岩口村成立，成为医务训练班的

---

① 张金辉.晋察冀解放区高等教育研究（1937—1949）[M].北京：中国言实出版社，2018：154.

② 王芝元（1913—1975），天津人。1935 年参加革命，1936 年加入中国共产党。新中国成立后，曾任华北军区 20 兵团后勤部副部长兼卫生部长、北京市结核病医院院长等职。

实习和教学医院。白求恩在工作之余给学生们上课，讲授基本医疗知识。但是，随着日寇大举进攻五台山根据地，医院被毁，训练班转移[①]，正规卫生学校的建设也因此而暂时搁置。至翌年5月，正规卫生学校的建设才被重新提上日程。

3. 冀中抗战学院

冀中抗战学院是冀中抗日根据地创办的一所革命学府。晋察冀边区建立后，利用日军主力集中向南侵略的间隙，不断扩展辖区范围，开辟了冀中抗日根据地。冀中平原物产丰富，经济、文化、教育等相对发达。为了培养、团结和教育青年知识分子为抗战和边区建设服务，经冀中区党委负责人黄敬、周小舟提议和商定[②]，与冀南、冀西合办一所干部学校。时任冀西抗日游击队司令的杨秀峰[③]受托，在深县旧州村原第十中学旧址，创办了抗战学院，也称冀中抗战学院或河北抗战学院。1938年7月，冀中抗战学院开始招生，8月正式开学，为短期训练班性质的干部学校，培训时间为3个月。"杨秀峰兼任院长，谌厚慈[④]任教育长，孙文

---

① 宋家珩.加拿大人在中国 [M].北京：东方出版社，1998：22.

② 李明.伟大的创举　救亡的火炬——忆抗战学院与吴砚农同志 [A].《吴砚农纪念文集》编辑组.吴砚农纪念文集 [M].天津：天津人民出版社，1997：25.

③ 杨秀峰（1897—1983），河北迁安人，教育家，法学家。新中国成立后，曾任河北省人民政府主席、最高人民法院院长等职。

④ 谌厚慈（1900—1977），河北迁安人。新中国成立后，曾任河北省教育厅副厅长、河北省政协常委、河北省参事室主任等职。

淑^① 任副教育长，吴砚农^② 任教务主任。"^③孙犁还专门谱写了《冀中抗战学院校歌》^④。

冀中抗战学院以"训练知识分子参加抗日工作"^⑤为宗旨，同时还肩负帮助各种抗日武装力量培养基层干部的任务，分设民运和军事两院。民运院学员大部分是青年学生，军政院学员大部分是部队保送的，也有一部分是从民运院转入学习政治工作的。学院实行军事化教学与管理，民运院为准军事组织，军政院为完全军事组织，采用军事化、战斗化的管理，学习抗日军政大学的优良作风，以"团结、紧张、严肃、活泼"为学生的行动准则。在课程与教学方面，学院贯彻因材施教、学以致用的原则和一切为抗战服务的总方针，主要设置马克思主义基本知识、抗日民族统一战线、游击战争、民运工作和抗战文艺等课程，采取理论与实践相结合的教学方法，上午学习理论，下午分班进行讨论，军事课进行实地演习，还经常邀请区党委的相关负责人到学院做讲

---

① 孙文淑（1910—1994），女，直隶宛平人。1934年5月与杨秀峰结婚。1937年加入中国共产党。新中国成立后，曾任河北省教育厅厅长，河北省文教委员会主任、教育部部长助理、全国妇联委员、第三届全国政协委员等职。

② 吴砚农（1911—1987），天津人。1931年参加中国社会科学家联盟，1932年加入中国共产主义青年团，同年加入中国共产党。新中国成立后，曾任天津市人民政府秘书长，天津市委副书记，河北省委书记处书记，国家经委副主任等职。

③ 中共河北省委党史研究室. 中国共产党河北历史大辞典 [M]. 北京：中共党史出版社，2002：100.

④ 孙犁. 孙犁文集（三）[M]. 天津：百花文艺出版社，1992：337.

⑤ 王谦. 晋察冀边区教育资料选编（干部教育分册）（上）[M]. 石家庄：河北教育出版社，1990：64.

座、讲时事、讲党的路线方针政策等。吕正操就曾受邀为学生们讲授毛泽东同志的《论持久战》和《抗日游击战争的战略问题》等文章①。

　　冀中抗战学院主要招收北平、天津等城市的爱国知识青年②，共办了两期，第一期招收学员 1400 余人，第二期招收学员 1300 余人，学员毕业后，大部分留在了冀中工作，也有少部分分配到冀西和冀南。1939 年 2 月，第二期学员毕业，学院即结束办学。是时，在河北境内办学的短期训练班还有华北人民自卫军抗日军政大学③、冀西抗日军政干校④等，均散见于当事人的回忆著述，办学情况大都已不可详考，却均以抗日救国为教育目标，培养了大批军政干部。这种快速组建、短期培训的办学模式，在革命战争年代是较为常见的。"抗战学院是冀中根据地初创时期规模最大人数最多的革命学府"⑤，虽然办学时间较短，但招收学员的学历层次较高，在晋察冀边区高等教育史上具有重要地位。

　　总之，晋察冀军政干部学校、晋察冀军区医务训练班、冀中

---

① 吕正操. 冀中回忆录 [M]. 北京：解放军出版社，1984：64.

② 教育大辞典编纂委员会. 教育大辞典（第 3 卷）[M]. 上海：上海教育出版社，1991：443.

③ 张家口察哈尔文化研究会. 战士　公仆　校长——纪念郎宝信同志诞辰 100 周年文集 [M]. 北京：中国言实出版社，2017：7.

④ 李庆寿. 回忆在冀西游击队的战斗生活 [A]. 张琪岩等. 冀西民训处与冀西游击队 [M]. 石家庄：河北人民出版社，1989：219.

⑤ 王谦. 晋察冀边区教育资料选编（干部教育分册）（上）[M]. 石家庄：河北教育出版社，1990：71.

抗战学院三校的创办，标志着晋察冀边区高等教育的创立与形成。三校在改造旧教育和肃清日伪奴化教育影响的同时，继承和发扬了延安和江西革命老区的干部教育经验，创建了新型的战时干部教育体制，培养和输送了革命战争急需的各级军政干部和医学专门人才。除冀中抗战学院及同时期的短期干部学校（训练班）随着抗战形势的变化而完全停办之外，前两所学校在后续的发展为专门性的高等学校。晋察冀军政干部学校虽并入抗日军政大学二分校，但抗战胜利后又在张家口重组，最终合并组建了华北军政大学，系中国人民解放军国防大学联合作战学院（原石家庄陆军指挥学院）的前身。晋察冀军区医务训练班后发展成为白求恩学校，抗战胜利后升格为白求恩医科大学，招收地方知识青年，成为培养医务人员的专门技术类高等学校。虽然此时的晋察冀军政干部学校和晋察冀军区医务训练班均为短期训练班性质的干部学校，但从培养目标和学员的学历层次以及后续发展等诸方面来讲，两校都已具备高等教育的性质。这一阶段，晋察冀边区自主创办的具有高等教育性质的干部学校或训练班，是边区贯彻党的抗战教育方针的成果，也是对党的干部教育的继承与发展。

（二）晋察冀边区高等教育的初步正规化

1938 年 5 月，毛泽东同志在《论持久战》中就明确表示：抗日战争是持久战。抗战相持阶段开始后，日军改变了侵略中国的策略，对国民党政府实行拉拢打压，集中兵力打击敌后战场。
1938 年底，在《论新阶段》的政治报告和《大量吸收知识分子》
的指示中，毛泽东同志再次强调抗日战争是长期的，强调在抗日
战争的新阶段，要坚决巩固已经建立的群众基础，坚持根据地建
设，实施统一战线的方针，广泛吸收知识分子，教育和改造知识
分子，为长期抗战服务。1940 年，在《新民主主义论》中，毛泽
东同志提出了新民主主义教育方针。据此，晋察冀边区高等教育
开始初步正规化的探索，以适应长期抗战。

　　在这个阶段，晋察冀边区应党中央和毛泽东同志的号召，在
《晋察冀边区目前施政纲领》中，提出"建立并改进大学及专门教
育，加强自然科学教育，优待科学家和专门学者"① 等要求。基于
此，晋察冀边区继续贯彻执行新民主主义教育方针政策，扩大干
部教育，扶持和抚济流亡学生，教育和改造知识分子，并在不断
发展和巩固已经建立的战时干部教育体制的基础上，逐步开始办
正规化高等教育的探索，培养边区革命与建设急需的各级干部和
专门人才，实现教育为长期抗战服务、教育为边区建设服务。其
间，晋察冀军区卫生学校、抗战建国学院、抗日军政大学二分校
和华北联合大学，成为晋察冀边区高等教育初步正规化的重要

---

① 关于晋察冀边区目前施政纲领（1940 年 8 月 13 日）[A]. 晋察冀边区阜平县红色档
案丛书编委会. 晋察冀边区法律法规文件汇编（上）[M]. 北京：中共党史出版社，
2017：6.

代表。

1. 晋察冀军区卫生学校——白求恩学校

晋察冀军区卫生学校是在晋察冀军区医务训练班（队）的基础上建立起来的，1940年为纪念白求恩而易名为"白求恩学校"。

1939年5月，晋察冀边区的辖区范围迅速扩大，急需大量医务人员。晋察冀军区决定以医训队为基础建立卫生学校，指定江一真[①]作为负责人，同医学专家殷希彭[②]、陈淇园[③]、刘璞[④]、张录增[⑤]等，共同开展学校的筹建工作。在江一真领导下，各位教员根据自己所学，自行编写教材，师生共同制作标本、教学模型、教学挂图等，为建立高水平的专门卫生学校作出了重要贡献。白求恩也为卫生学校的建立积极谋划、忘我工作。经过精心计划和紧张筹备，1939年9月18日，晋察冀军区卫生学校在河北省唐县牛眼

---

① 江一真（1915—1994），福建省连城县人。1929年参加革命，1930年加入中国共产主义青年团，1934年转入中国共产党。新中国成立后，曾任卫生部部长、中共河北省委第二书记、河北省人大常委会主任等职。

② 殷希彭（1900—1974），河北省安国县（今安国市）人。1938年参加八路军，1942年加入中国共产党。新中国成立后，曾任第一军医大学校长、军事医学科学院院长、中国人民解放军总后勤部卫生部副部长等职。

③ 陈淇园（1908—1978），河北省蠡县人。1938年参加八路军，新中国成立后，曾任第一军医大学副校长、吉林医科大学副校长等职。

④ 刘璞（1891—1972），河北任丘人。1938年参加革命工作，1950年加入中国共产党。新中国成立后，曾任天津市卫生局局长、河北医学院院长等职。

⑤ 张录增（1915—1991），河北省蠡县人。1938年参加八路军，1942年加入中国共产党。新中国成立后，曾任第四军医大学校长、总后勤部卫生部副部长、部长等职。

沟村正式成立，晋察冀军区副参谋长聂鹤亭[1]参加开学典礼并代表聂荣臻司令员讲话，白求恩也在开学典礼上讲了话，各军分区代表到会。江一真担任校长，殷希彭担任教务主任。学校设置军医、调剂和护士三个期，学制分别为一年半、一年和半年。学校还附设一个休养所，作为实习基地。

晋察冀军区卫生学校成立不久，延安军委卫生学校（前身为1931年中国共产党在江西瑞金创建的中国工农红军卫生学校）部分师生，在政治处主任喻忠良[2]带领下到达晋察冀边区，与卫生学校合编，仍称晋察冀军区卫生学校。合编后的学校继续朝着正规化方向发展，不仅壮大了规模、增强了教师队伍，还健全了机构建制，设置政治处、教务处和学生队。学员共计有五期（增加了军医两个期），共计300余人，编为两个队。1939年11月，日寇对边区发起冬季大扫荡，晋察冀军区卫生学校辗转到唐县葛公村。在这次反"扫荡"中，白求恩因抢救伤员受伤，伤口感染，引起败血症，不幸牺牲。中共中央致电沉痛哀悼，毛泽东同志发表文章《纪念白求恩》，号召全党和全国人民学习白求恩精神。为纪念白求恩，1940年1月5日，晋察冀边区在唐县为白求恩举行安葬

---

[1] 聂鹤亭（1905—1971），安徽省阜南县人。1926年加入中国共产党，同年参加国民革命军第四军。新中国成立后曾任中国人民解放军装甲兵副司令员、工程兵副司令员等职。

[2] 喻忠良（1910—1943），湖南平江人。1927年参加秋收起义，同年加入中国共产党。1943年在河北省曲阳县小甲山战斗中牺牲。

仪式和追悼大会，卫生学校师生从葛公村步行 60 多里参加大会。会上，聂荣臻宣布将晋察冀军区卫生学校改名为白求恩学校（以下简称白校），附属医院改名为白求恩国际和平医院，以纪念白求恩对中国战地医疗卫生工作和医疗教育工作作出的杰出贡献。[①]

1940 年 2 月 16 日，白校在驻地唐县葛公村召开隆重的易名典礼，进一步明确学校培养"白求恩式的医务工作者"的具体目标。白校在战争环境中坚持办学，并随着战争局势的发展和实际工作的需要，不断成长壮大。白校根据实际情况，将原来需要 3 到 4 年的专业医学教育（民国时期的学制），缩短为 1 至 2 年时间，并根据实际需要，适时调整了学校的课程与教学。在课程方面，白校根据实际安排教学计划和设置相应课程，将理论课程与实践课程相结合，重视思想政治教育和实习、实践。以军医期为例，白校设置基础课和临床课，将其教学时间缩短为半年，并在临床课中设置军队卫生学、毒气学、理疗和妇产科等课程。此外，根据学员的文化程度参差不齐的实际情况，白校还设置了预科学习计划，要求学员先进行基础课程的学习。1941 年根据实际需要，白校先后成立两年制的高级军医班和一年制的妇产科班。1940 年 5 月，印度援华医疗队来到晋察冀边区，8 月柯棣华医生留在白校任教。1941 年 12 月，国际共产主义战士、奥地利共产党党员傅莱也

---

① 曹剑英等 . 晋察冀边区教育史 [M]. 石家庄：河北教育出版社，1995：263.

来到白校任教。可见，在残酷的战争环境下，白校可以说是一所国际性的、相对正规的医科专门学校，见证了晋察冀边区高等教育的初步正规化。

2. 抗战建国学院

抗战建国学院是晋察冀边区直接领导创建的一所具有高等教育性质的干部学校，在冀西、冀南及山西、山东等地先后亦有地方党组织所办同名学校，但均不存在分属、隶属关系。1939年9月，为加强边区各类人才培养，晋察冀边区直接创办了一所以"培养政权干部"为目标的干部学校——抗战建国学院。边区行政委员会主任宋劭文①兼任院长，郭任之②担任副院长。学院以培养"从事各项抗战建国事业的干部"③为宗旨，"培养掌握技术掌握政权的干部"④。学院设合作、税收、区政助理和银行四个系，学员有从平津一带来的青年学生，也有部分刚参加革命工作的青年干部

---

① 宋劭文（1910—1994），山西太原人。1933年加入中国共产党，新中国成立后，曾任轻工业部副部长，国务院第四办公室副主任，国家经委副主任，国家建委、计委、机械工业委员会副主任等职。

② 郭任之（1892—1960），山西五台郭家寨村人。1935年加入中国共产党，新中国成立后，曾任中央人民政府政务院人民监察委员会委员兼副秘书长，中国人民政治协商委员会委员，国务院参事等职。

③ 皇甫束玉等.中国革命根据地教育纪事（1927.8—1949.9）[M].北京：教育科学出版社，1989：160.

④ 王谦.晋察冀边区教育资料选编（教育方针政策分册）（上）[M].石家庄：河北教育出版社，1990：76.

和个别绅士①，学习时间 3 至 4 个月，训练学员如何建立、掌握各类政权工作，"是边区唯一的培养政权干部的学校"②。

抗战建国学院机构完整，院部设院长、副院长和校务主任等职，院部以下设教务、军事、政治三部，以加强对学校各项工作的管理。在课程与教学方面，抗战建国学院以边区各项建设需求为依据，设置政治类、军事类和业务类三类课程③。在教学方面，基于办学环境是战争状态，抗战建国学院发挥"战斗式"的教育作风，实行军事化教学管理，"随便什么时候，只要发生敌情，只需把寝室里放着的背包往身上一背，即行集合出发，坐的小凳子和书包是随时带在身上的"④。李公朴带领抗战建国教学团到晋察冀边区考察后，在其著作中感慨道："虽然现在才办不到第三期，但是已收获不少的成绩。这一个学院的院长、主任，以及教员并不是什么大名鼎鼎的教育家或平津知名教授。而是从工作中调来的优秀干部。有的作过抗日县长、科长或是区长，有的是民众工作者或是子弟兵团的干部。学生们也大都是工作中的干部。这是一

① 王谦.晋察冀边区教育资料选编（教育方针政策分册）（上）[M].石家庄：河北教育出版社.1990：64-65.
② 王谦.晋察冀边区教育资料选编（干部教育分册）（上）[M].石家庄：河北教育出版社，1990：59.
③ 王谦.晋察冀边区教育资料选编（干部教育分册）（上）[M].石家庄：河北教育出版社，1990：61.
④ 李公朴.华北敌后——晋察冀[M].北京：生活·读书·新知三联书店，1979：149.

座崭新型的学校，是一座全部实施抗战建国教育的学府。"①

抗战建国学院在战争环境中坚持办学，培养了大批具有实际工作能力的行政工作和专门技术人才。到 1941 年 2 月该院与华北联大合并前，共培养了 1020 人②。抗战建国学院虽然属于短期训练班，但从机构设置、课程安排等方面看，已经具有了高等教育的性质。抗战建国学院是"晋察冀边区现有的三所性质不同的大学"③之一，"是晋察冀边区政府所缔造的边区最高学府"④。1941 年 3 月，随着华北联大迁入晋察冀边区，抗战建国学院并入华北联大社会科学部，融入华北联大这所高等学府的正规化发展历程之中。

3. 抗日军政大学二分校

抗日军政大学二分校是中国人民抗日军事政治大学第二分校的简称，是最早迁入晋察冀边区办学的高等学校。抗日军政大学前身是中国共产党在江西瑞金创办的红军学校，后改名为红军大学，经历长征到达陕北，1937 年迁至延安后改为抗日军政大学，简称抗大。1938 年底，为积累前线丰富的战斗经验，更好地适应抗战环境，同时便利敌后广大有志青年入抗大学习，中共中央决定在敌后建立抗大分校。1938 年 12 月 13 日，抗大召开动员大会，

---

① 李公朴. 华北敌后——晋察冀 [M]. 北京：生活·读书·新知三联书店，1979：147.
② 谢忠厚等. 晋察冀抗日根据地史 [M]. 北京：改革出版社，1992：265.
③ 李公朴. 华北敌后——晋察冀 [M]. 北京：生活·读书·新知三联书店，1979：139.
④ 李公朴研究会. 李公朴文集（下）[M]. 北京：群言出版社，2012：685.

宣布建立第一、二两个分校，任命陈伯钧①和邵式平②为抗大二分校的校长和副校长。抗大二分校成立后，立即开赴晋察冀边区，1939 年 3 月在河北省灵寿县陈庄正式开学。

抗大二分校根据晋察冀边区的实际情况，提出"安心学习、艰苦学习和深入学习"的口号，根据学员实际情况，各期学制为 4 至 8 个月不等。在课程方面，设置军事训练、政治教育和文化教育三类课程，并根据各期学员的实际情况和边区的抗日斗争形势，适当设计和灵活调整各类课程占比情况和科目数量，既重视提高学员的军事技能，也注重提高学员的文化水平，更注重提升学员的政治觉悟。军事队的军事训练和政治教育分别占全部授课时间的 2/3 和 1/3，政治队比重正好相反。从第三期开始，由于学员的文化程度较低，学校调整学时比例，增加文化教育的比重③。在教学方面，抗大二分校强调"学习的内容不仅有书本讲义，而且有极丰富的战斗的问题"④，以实际训练为主，理论学习为辅，除了理论课程讲授以外，主要开展军事、政治和体育考核比赛、野营演

---

① 陈伯钧（1910—1974），四川省达县（今达川）河市坝村人，1927 年加入中国共产党。新中国成立后，曾任解放军军事学院副院长、代院长、高等军事学院副院长、院长等职。

② 邵式平（1900—1965），江西弋阳县邵家坂人，1925 年加入中国共产党。新中国成立后，曾任中共中南局委员、中共华东局委员，中共江西省委常委、省委第二书记、省长等职。

③ 王谦.晋察冀边区教育资料选编（干部教育分册）（上）[M].石家庄：河北教育出版社，1990：86.

④ 曹剑英等.晋察冀边区教育史 [M].石家庄：河北教育出版社，1995：104.

习等教育活动，同时在边区"反扫荡"实际战斗中，以"战斗的姿态"坚持办学，锻炼和提高学员的实际战斗能力。在管理方面，抗大二分校采取军事化的建制与管理，将学员划分为小组、中队、支队和大队，在连队设驻队教员、政治助教和军事助教。学校实行严格的军事生活，养成服从命令、遵守纪律的良好风气。

抗大二分校在一年内训练了3000多名青年干部，而且通过实际战斗的锤炼，这些青年干部逐渐成长为怀有坚定理想信念、具有较高战斗技能的革命干部。他们毕业后大多数留在部队工作，一部分到游击区领导和开展游击战争，还有一些到各种群众团体中工作。他们不仅有力补充了抗日军队的有生力量，而且大多数学员迅速成长为开展抗日斗争的重要力量，为坚持抗战作出了重要贡献。其间，抗大总校来到晋察冀，在二分校校址暂驻，对学校的教学工作进行了检查和指导，在充分肯定二分校已有成绩的基础上，详细指出了其课程与教学等方面存在的问题，提出有效建议并指导了学校各方面工作。抗大二分校在华北地区声誉颇高，日伪对其恨之入骨，以至于在1941年秋季"大扫荡"中，"日寇把'消灭抗大'作为它的重点目标之一"[①]，用飞机向晋察冀边区撒放10万余张《敬告抗日军政大学第二分校学生诸君书》，威胁和恫吓学校教职学员。可见，抗大二分校在敌后办学给日伪造成了极大威胁。

---

① 王谦.晋察冀边区教育资料选编（干部教育分册）（上）[M].石家庄：河北教育出版社，1990：101.

抗大二分校的学制较短，毕业生通常只担任基层军事干部。然而，在抗日战争的艰苦环境中，抗大二分校仍然坚持理论与实践相结合，详细规定各类课程的具体内容要求和比例结构，灵活采用理论讲授和讨论、实训、实践相结合的教学方法，强调教育为抗日战争和学生的战斗生活服务，不仅提高了学员的文化水平和军事技能，而且提高了学员的思想政治觉悟和抗战技能。从课程和教学方面看，抗大二分校正逐步开展正规化办学的实践，是晋察冀边区高等教育正规化的主要力量。

4. 华北联合大学

华北联合大学自成立并迁入华北敌后办学以来，就成为"晋察冀边区的最高学府"①，培养了文教、政权、金融、群众工作等各级各类干部，为晋察冀边区的建设与发展，为坚持抗日斗争，作出了重要贡献。

1939 年 7 月，中共中央决定将陕北公学、鲁迅艺术学院、延安工人学校和安吴堡青年训练班合并为华北联合大学，并开赴华北敌后办学，培养干部，开展边区建设。在校长成仿吾②的带领下，华北联大于 9 月底到达河北省灵寿县陈庄附近，10 月中旬正

---

① 成仿吾.战火中的大学：从陕北公学到人民大学的回顾 [M].北京：人民教育出版社，1982：102.

② 成仿吾（1897—1984），湖南新化人，1928 年在巴黎加入中国共产党。无产阶级革命家、教育家、文学家和翻译家。新中国成立后，曾任中国人民大学校长、东北师范大学校长、山东大学校长等职。

式开学。华北联大办学初期为具有高等教育性质的短期训练班，学习时间4—6个月，共有教职学员1500余人。学校实行军事化的建制，设社会科学部、文艺部、工人部和青年部，1940年7月，又增设师范部，部下设队，采取军事化的教学与管理，便于灵活机动地转移。①

华北联大迁入晋察冀边区之时，日军尚未完成进攻敌后抗日根据地的合围部署，晋察冀边区的战争局势有所缓和。1940年10月，根据中共中央北方局的指示，华北联大开始向正规化方向发展，将"各部改为学院，学院下设系"②，调整了院系设置，延长了学制，改革了课程与教学，规范了各项管理，进行了正规化办学的初步探索。1941年2月，抗战建国学院和晋察冀边区群众干部学校并入华北联大，组建了法政学院和群众工作部，进一步扩大办学规模。同年7月，华北联大成立高中部。自此，华北联大"计有法政、文艺、教育三个学院，群众工作，高中两个部"③，"全校教职学员将近4500人"④，为华北联大"最昌盛时期"⑤。《晋察

① 张金辉.晋察冀解放区高等教育研究（1937—1949）[M].北京：中国言实出版社，2018：147-151.

② 皇甫束玉等.中国革命根据地教育纪事（1927.8—1949.9）[M].北京：教育科学出版社，1989：167.

③ 人民的大学：华北联大介绍[M].苏州：苏南新华书店，1949：3.

④ 中央教育科学研究所.老解放区教育资料（二）抗日战争时期（上册）[M].北京：教育科学出版社，1986：414.

⑤ 成仿吾.战火中的大学：从陕北公学到人民大学的回顾[M].北京：人民教育出版社，1982：110.

冀日报》社论文章指出，华北联合大学"已经成为'华北最高学府'……华北联合大学的旗帜永远是胜利的旗帜"[①]。李公朴高度评价华北联大是"插在敌人心脏上的一把剑"[②]。

这一时期，华北联大除了进行专业课教学外，还重视军事训练和体育锻炼，以提高学员的身体素质和战斗能力；重视思想政治教育，以提高学员的思想觉悟和政治水平；强调教育与生产劳动相联系，以锻炼和提升学生的生产劳动技能，适应敌后办学环境。无论从办学规模、机构设置上，还是从课程安排、教学管理上，华北联大俨然一所现代化的高等学府，"已经成了坚持抗战的文化堡垒"[③]。《晋察冀日报》发表文章称该阶段为"华北联合大学发展的新时期"[④]。

总之，在日伪尚未对晋察冀边区形成进攻态势的间隙期，边区各高等学校抓住时机，加强学校的建设与发展。一方面，规范了教学，扩大办学规模；另一方面，进行了初步正规化办学的探索。晋察冀军区卫生学校增设了两年制的高级军医班，建立并发展成为一个拥有众多知名专家、具备实习和实践医院的国际性专门学校。抗大二分校第三期分设高级科、上级科和普通科三科，并根据各科学员的实际情况，调整了教学策略，增加了文化教育

---

① 庆祝华北联合大学建校两周年 [N]. 晋察冀日报，1941-07-04（1）.

② 余飘等. 成仿吾传 [M]. 北京：当代中国出版社，1997：144.

③ 宋荐戈等. 成仿吾教育实践与教育思想 [M]. 长沙：湖南教育出版社，1997：69.

④ 华北联合大学发展的新时期 [N]. 晋察冀日报，1940-12-20（4）.

的课时①。华北联大在机构设置、学制安排、课程设置等各方面，都进行了相应的调整，开展了正规化办学的探索，取得了重要成果。可以说，在初步正规化发展阶段，晋察冀边区不仅改进、扩充了原有的高等教育体制，巩固了已经建立的高等教育基础，而且还引入专业技术人才和高等学校，在敌后开展正规化办学的初步探索。该阶段，晋察冀边区高等教育规模不断扩大、教学更加规范，不仅为抗日战争培养和输送了大批军政干部和专门技术人才，而且积累了扎根晋察冀边区实际适时调整课程设置与教学计划，以满足革命战争与边区建设对高等教育的要求的办学经验。

（三）晋察冀边区高等教育的缩编与艰难发展

自 1941 年下半年开始，日军开始调集大量兵力对华北敌后抗日根据地实行疯狂扫荡和严密封锁，加之从 1941 年下半年一直持续到 1943 年初的严重干旱，导致粮食大面积减产甚至绝收，晋察冀边区面临空前的困难。边区党政军群发扬艰苦奋斗的作风，实行"紧缩"和"重质不重量"的方针，开展整风运动，加强边区建设。各高等学校不仅派学员参加群众生产和边区政权建设，还全面开展整风运动，提高师生的思想觉悟，坚定革命信念。其间，白求恩学校、抗大二分校、华北联大三所学校在办学规模、教学方式等方面均有很大变化，缩编减员成为主要特征，短期训练

---

① 曹剑英等 . 晋察冀边区教育史 [M]. 石家庄：河北教育出版社，1995：103.

性质也更为明显。抗大二分校于 1943 年结束了在晋察冀边区的办学。

1. 抗大二分校

抗大二分校来到晋察冀边区办学后，坚持以"战斗的姿态"进行教学，将教育训练和实际战斗结合起来，仅一年时间，就"训练出三千六百余英勇有为的青年干部，派赴部队、游击区群众团体中执行敌后抗战的工作"①，在华北敌后产生了重要影响。1941年至 1942 年，抗大二分校还先后成立了附属中学和陆军中学，以培养干部苗子。1942 年，学校举行建校三周年暨第四期学员毕业典礼，欢送毕业学员上前线。然而，随着晋察冀边区进入极端困难时期，1942 年 12 月，抗大二分校对原来所办四期的教育教学进行了经验总结，之后实行精兵简政，"强调提高教学质量，紧缩组织，取消训练部改设教育长……合并政治教育科与宣传科为宣教科……连队不设驻队教员只设政治助教和军事助教"②，还精减了勤杂人员，调整了教学内容的比例，严格军事训练，注重提高教学质量。

1943 年 2 月，"为了保存干部，中央决定抗大总校及各分校

① 王谦.晋察冀边区教育资料选编（教育方针政策分册）（上）[M].石家庄：河北教育出版社，1990：76.
② 王谦.晋察冀边区教育资料选编（教育方针政策分册）（上）[M].石家庄：河北教育出版社，1990：86.

调回陕甘宁边区"[①]，抗大二分校结束在晋察冀边区办学，回到陕北绥德，回归总校建制，附属中学亦随之迁回。"陆军中学本拟作为第二梯队随行，可是刚离开灵寿县阎庄一带不远，日寇发动对晋察冀边区大'扫荡'，陆军中学奉命参加反'扫荡'战斗，直至1944年春才到达绥德，编为抗大总校第二大队继续学习。"[②]抗战胜利后，抗大总校第二大队又迁回晋察冀边区，在张家口创办了晋察冀军政干部学校（与1937年晋察冀边区最早创建的军政干校同名）。抗大二分校在晋察冀边区坚持办学4年多，"先后培养了两万多名干部"[③]。这些干部在艰苦的抗日敌后战场上锻造，具有坚定的革命信仰和过硬的战斗能力，迅速成为"敌后抗战的骨干力量"[④]。

2. 华北联合大学

1941年下半年开始，由于日军对晋察冀边区进行反复大规模"扫荡"和严密封锁，高等教育逐渐丧失了正规化办学的条件。在1941年9月的反扫荡斗争中，华北联大化整为零，将全校"4000多名师生，分散到平山、灵寿、阜平、曲阳、行唐和唐县等县农

① 高克恭.抗大二分校的会议[A].中国人民政治协商会议全国委员会文史资料研究委员会.革命史资料（10）[M].北京：文史资料出版社，1983：141-146.
② 李志民.革命熔炉[M].北京：中共党史资料出版社，1986：238.
③ 皇甫束玉等.中国革命根据地教育纪事（1927.8—1949.9）[M].北京：教育科学出版社，1989：145.
④ 曹剑英等.晋察冀边区教育史[M].石家庄：河北教育出版社，1995：170.

村，参加了各地的游击小组或游击小队"①。此后，华北联大逐步压缩编制，1942 年 1 月，在校学员缩为 1000 多名。1942 年 10 月，华北联大再次缩编，只保留教育学院，"教职学员二百五十人"②。文艺学院和法政学院的学员，全部结束学习任务，分配到各部门工作。校部和文艺、法政学院的干部、教员，一部分就地分配工作，一部分迁至延安编入其他高校。是时，恰逢华北联大成立三周年，《晋察冀日报》辟出整版发表了纪念特刊，一方面总结了华北联大在过去的三年里取得的主要成绩和办学经验，另一方面也表达了继续坚持敌后办学，服务革命战争和边区建设的坚定决心和顽强意志。

1943 年 9 月，日军进行第二次秋季"大扫荡"，华北联大"课堂的教育是再也没有办法坚持了，全体教职学员又分散到各个村庄里，同农民一起生产，抢收抢种，同民兵一起打击敌人"③。同时，华北联大开展游击式办学，敌人扫荡时帮助村民转移，敌人撤退时则进行学习和帮助村民生产劳动，继续坚持敌后教学工作。通过简缩编制，化整为零，参加生产劳动和参加游击活动等，华北联大在残酷的战斗环境中坚持了下来，培养了许多意志坚定的革命干部。直到 1944 年春，战争局势好转，华北联大又逐渐发展

---

① 曹剑英等.晋察冀边区教育史 [M].石家庄：河北教育出版社，1995：169.
② 人民的大学：华北联大介绍 [M].苏州：苏南新华书店，1949：4.
③ 人民的大学：华北联大介绍 [M].苏州：苏南新华书店，1949：4.

壮大。到抗战胜利前，全校（仅有一个教育学院）"教职学员已达六百人"[①]。

3. 白求恩学校（白校）

白校采取灵活多样的教学组织形式，特别是在反"扫荡"斗争中，采取"武装上课""行军教学"等多种特殊的教学形式。在1941年冬季"反扫荡"斗争中，白校"一面打游击与敌人周旋，一面坚持教学，还派出部分师生帮助部队进行医疗救护工作"[②]。在教学方法上，白校"提倡启发式，实行重点教学，减少每日课堂教学时间，增加预习、复习、研究讨论问题的时间；加强实习，提高学生分析问题和解决问题的能力，同时大力提倡集体互助精神。在教学内容上，白校提出与实际相结合，教材要精简，实用的要充实，不实用的要减缩或删掉"[③]。在管理上，白校建立了教务会议制度和课代表联席会议制度。每个科目选出一个课代表，每个期选出一名总的课代表，负责传达教务会议对教学的相关决定，以及检查学生的学习，总结和传达学生对教学的意见等。白校还建立了政治委员制度，通过逐级建立政治机构来进行思想政治教育。

1942年冀中区"五一大扫荡"结束后，白校与冀中卫生教导

---

① 人民的大学：华北联大介绍 [M].苏州：苏南新华书店，1949：4.

② 曹剑英等.晋察冀边区教育史 [M].石家庄：河北教育出版社，1995：173.

③ 王谦.晋察冀边区教育资料选编（教育方针政策分册）（下）[M].石家庄：河北教育出版社，1990：168.

队合编，有 770 名学员，17 名教授。1943 年为贯彻精简政策，白校派出 380 多名学员到延安学习，9 名教授分赴各军分区工作，仅保留了教学骨干和 129 名学员①。1943 年秋季"大扫荡"中，白校和附属国际和平医院分散隐蔽在阜平、涞源和唐县交接的神仙山中，大部分师生随部队行动，进行战地医疗救护。学员们一面在战斗中坚持学习，一面坚持给群众治病。在战争的环境中，学员们也能沉着冷静地为伤员做手术。通过合编、精简、参加战地医疗救护和帮助群众转移等工作，白校和附属国际和平医院保存了有生力量，保护了医疗技术人才，也锻炼了学员在战争环境中的实际工作能力，培养了"白求恩式的医务战士"。

总之，在缩编与艰难发展时期，晋察冀边区的高等教育进入抗战以来发展的低谷期。但是，面对复杂严峻的敌后环境，晋察冀边区各高等学校坚持"战斗式""游击式"办学，强调教育与生产劳动和生活实际相结合，根据现实情况设置课程内容，并及时调整教学任务，实现了教育为长期抗战和边区建设服务的目标。同时，越是艰苦的时期才越能磨炼学员们的革命意志，越是理论与实际相结合才越能培养出高素质人才，从而为坚持华北敌后抗日游击战作出了重要贡献。

---

① 张金辉.晋察冀解放区高等教育研究（1937—1949）[M].北京：中国言实出版社，2018：103.

（四）晋察冀边区高等教育的全面恢复

从1943年下半年开始，晋察冀边区逐步粉碎了日寇的残酷“扫荡”，战争局势开始扭转，游击区不断扩展。1944年，世界反法西斯战争的局势已经得到根本性扭转，中国共产党领导的抗日根据地军民开始对日寇展开局部反攻。1944年1月，中共中央晋察冀分局发布《关于1944年工作方针及任务的指示》（一说由北方局发布），要求加强时事教育，强调“时事教育是最实际而具体的阶级教育，它与党的各种政策密切联系。通过时事教育能够提高全体军民对于光明前途的正确认识，能够提高党员与基本群众的阶级觉悟”①。4月，晋察冀边区行政委员会教育处长刘皑风提出，要加强对教育工作的领导，加强生产教育，将教育与大生产运动相结合，教育为群众服务，为政治服务。《解放日报》发表社论文章《关于根据地教育改革》，强调“干部教育重于群众教育”和“成人教育重于儿童教育”的原则，要求广泛提高和培养在职干部和专门人才。华北联大和白求恩学校根据抗战形势的变化，继续深入开展整风运动，将教育与生活实际和生产劳动相结合，逐渐恢复和扩大办学规模，重新规范课程与教学，加强时事教育②，为

① 皇甫束玉等．中国革命根据地教育纪事（1927.8—1949.9）[M]. 北京：教育科学出版社，1989：262.

② 张金辉．晋察冀解放区高等教育研究（1937—1949）[M]. 北京：中国言实出版社，2018：58.

抗战胜利后中国共产党在城市稳定正规化办学奠定了基础。同时，为了培养部队中急需的初级干部，晋察冀军区第 13 军分区创办了冀热辽抗日军政学校，进一步扩大了晋察冀边区高等教育的办学规模。

1. 华北联合大学

1944 年，随着敌后战场抗战形势的转变，北平、天津、保定等周边沦陷区的爱国青年学生，冒着生命危险，越过敌人的封锁线到晋察冀边区求学。鉴于此，华北联大增设政治班，专门招收沦陷区来的青年学生。1944 年 8 月，晋察冀边区行政委员会发出通知，要求各专区保送学生到华北联大教育学院学习，华北联大的办学规模逐渐恢复和扩大。

1944 年 12 月，晋察冀边区行政委员会作出《关于华北联大教育学院的决定》[①]，指明了华北联大的任务、教育方针、班次设置、课程与教学等。一是规定了组织机构以及设置师范班、中学班、政治班、短期训练班共四个班，并适当延长了学制；二是除政治班和短期训练班之外，师范班、中学班应包含边区建设、政治思想教育、文化教育三类课程；三是采取启发式、教学做合一的教导方式，强调理论与实践结合、学校教育与社会建设相适应、教

---

① 关于华北联大教育学院的规定（1944.12.12）[A]. 晋察冀边区阜平县红色档案丛书编委会. 晋察冀边区法律法规文件汇编（上）[M]. 北京：中共党史出版社，2017：204-205.

员与学员相结合。为保证和提高教育质量，"学员总数暂以不超过600人为原则"①。该决定还要求各级党政军民的主管机关负责抽调和保送，提高了生源质量，防止滥收滥送。同时，华北联大还开展了大生产运动，帮助边区群众恢复生产，改善生活条件，将教育与生活和生产劳动紧密结合起来。到1945年抗战胜利时，华北联大学员已经壮大到600人。②

2. 白求恩学校

根据晋察冀边区的号召和统一部署，白求恩学校在1944年春开展了大生产运动，师生在神仙山开荒播种，开展各种手工业生产，减轻了边区人民负担，磨砺了师生意志，实现了教育与生产劳动相结合。同时，白校继续深入开展整风运动，把整风运动与学习白求恩精神结合起来，全校师生通过"批评与自我批评"全面检查了自己的思想、态度和作风，提高了思想觉悟。根据晋察冀边区加强时事教育的要求，在整风运动的最后阶段，白校还开展了抗战形势教育，帮助师生树立了夺取抗战最后胜利的信心。白校还注重总结教学工作经验和教训，不断推进教学改革，促进学生学习，创造出"小黑板"制度、小先生制、留洋制、"指名点将、互问互答"、小标语、起外号、讨论会等十几种独特的学习方法，有效促进了教学相长，巩固了知识。

---

① 曹剑英等.晋察冀边区教育史[M].石家庄:河北教育出版社,1995:207.
② 曹剑英等.晋察冀边区教育史[M].石家庄:河北教育出版社,1995:208.

1945 年春，白校召开了建校以来最大规模的一次教育工作会议，对学校的性质、任务、教育方针和教学方法等问题进行了全面的总结和讨论，对学校以后的发展提出了许多具有高度建设性的规划。白校将此次会议总结报送晋察冀军区卫生部，卫生部肯定了学校的办学成绩，指出学校应以"培养一般的（非专科的）初级的医务干部"[①]为目标，同时争取为在职医务干部提供轮训的机会，以提高其技术水平，"应当于最短期间内，使学生获得对多发病和常见病，特别是对战地救护治疗的一般理论和实际操作的技能"[②]，培养学员为伤病员服务的革命品质和工作作风。根据军区卫生部指示，白校全面检查了学校的教育工作、医疗工作和思想政治工作等，帮助边区训练中医和助产人员，帮助改善边区医疗卫生条件，为边区良好卫生条件的建立和人民群众的身体健康贡献了智慧与力量。

3. 冀热辽抗日军政学校

冀热辽抗日军政学校是抗战后期由晋察冀军区第 13 军分区创建的一所干部学校，后逐步发展成为高等学校。1943 年 8 月，为补充军队急需的军政干部，晋察冀军区第 13 军分区创建冀东抗日军政学校，"1944 年底改为冀热辽抗日军政学校。校址开始在迁

---

① 王谦 . 晋察冀边区教育资料选编（教育方针政策分册）（下）[M]. 石家庄：河北教育出版社，1990：286.

② 王谦 . 晋察冀边区教育资料选编（教育方针政策分册）（下）[M]. 石家庄：河北教育出版社，1990：286.

西山区，后移至丰滦迁联合县的杨柳庄"①。第 13 军分区司令员兼政委李运昌②兼任校长，程立群和姬力炎分别任政治和军事主任教员。学校"学制规定为半年一期"③。第一期招收学员 124 名，1944 年 1 月毕业，分配到冀热辽各部队。第二期招收学员约 300 名，分成 3 个队，其中"第一、二队为军事队，学员配有步枪、刺刀、轻机枪、投掷筒等轻型武器"④。第三队为政治队，学员主要是新招收的进步知识青年，学历层次较高，"大部分为初高中学生、小学教员和少数从日伪占领的城市里跑出来的大学生，也有从部队和地方上选调的文化程度较高的机关干部"⑤。该队以政治教育为主，军事教育和训练为辅。后学校又根据实际需要增加了卫生队。到 1945 年 8 月，学校先后共招收四期学员，累计训练 1000 多名军政干部。

冀热辽抗日军政学校沿袭抗大的优良传统和作风，以"坚定正确的政治方向，艰苦朴素的工作作风，灵活机动的战略战术"（毛泽东同志为抗大的题词）和"团结、紧张、严肃、活泼"（抗

---

① 中共河北省委党史研究室 . 中国共产党河北历史大辞典 [M]. 北京：中共党史出版社，2002：105.

② 李运昌（1908—2008），河北省唐山市乐亭县人。1924 年加入中国社会主义青年团，1925 年转为中共党员。新中国成立后，曾任中共中央监察委员会常务委员（专职），国务院司法部第一副部长（正部长级）等职。

③ 曹剑英等 . 晋察冀边区教育史 [M]. 石家庄：河北教育出版社，1995：213.

④ 曹剑英等 . 晋察冀边区教育史 [M]. 石家庄：河北教育出版社，1995：213.

⑤ 曹剑英等 . 晋察冀边区教育史 [M]. 石家庄：河北教育出版社，1995：213.

大校训）为指导思想，采取严格的军事化管理。课程设置主要有军事课和政治课两类，"政治课内容有社会发展简史、中国革命史、中共简史和政治工作形势政策等"[1]。抗战胜利后，学校随部队挺进东北，于1945年底"由吕正操接收，成为以后东北军政大学的组成部分"[2]。学校的卫生训练队也发展壮大，"到解放战争时，成为冀察热辽军区军医大学……后改称东北医科大学第四分校"[3]，新中国成立后改为承德医学院。

总之，抗日战争期间晋察冀边区根据国际国内战争局势的转变，适时调整了高等教育的办学方针，广泛开展大生产运动，深入开展整风运动，加强了时事教育，实现了教育与生产劳动相结合，提升了师生的思想水平和政治觉悟，实现了教育为群众服务，为边区建设服务。同时，以抗大二分校和华北联大为代表的战时大学，以及以白求恩学校和冀热辽抗日军政学校为代表的干部学校，都在战争的环境中逐渐发展壮大，为抗战和边区建设培养了大批意志坚定和技术精良的军政干部和专门人才，为坚持抗日战争的胜利作出了重要贡献，也为中国共产党扎根晋察冀边区实际，创办和发展战时高等教育积累了丰富的经验。

---

① 中共河北省委党史研究室.中国共产党河北历史大辞典 [M].北京：中共党史出版社，2002：105-106.
② 曹剑英等.晋察冀边区教育史 [M].石家庄：河北教育出版社，1995：215.
③ 曹剑英等.晋察冀边区教育史 [M].石家庄：河北教育出版社，1995：215.

二、争取和平民主时期：稳定正规化发展

抗战胜利后至 1946 年 10 月国民党军攻占晋察冀边区首府张家口市前，晋察冀边区各高等学校，抓住短暂的和平时期，纷纷迁入城市，并尝试向稳定正规化方向发展。这一时期晋察冀边区高等教育的稳定正规化发展可分为准备与探索两个阶段。抗战胜利至 1946 年前后，中国共产党提出和平建国的主张，与国民党进行了谈判和协商，并达成一系列协议。[①] 为了利用城市的优势资源培养各类急需的抗战建国人才，晋察冀边区的各高等学校、干部学校和专门学校从农村迁入城市（主要是晋察冀边区首府张家口）。同时，延安各高校也开始进军东北，部分高校于中途留在了晋察冀边区办学，为晋察冀边区高等教育的稳定正规化发展奠定了重要基础。1946 年初，国共和平谈判有了很大进展，签署了停战令、政协决议、整军协议和东北停战协议等 4 个文件，这 4 个文件使战争在全国范围内停止了一段时间，迎来了短暂的和平民主建设时期。至 1946 年 10 月晋察冀边区党政军群组织撤出张家口市为止，晋察冀边区通过接管、新建、重组、升格等方式，创

---

① 毛泽东.毛泽东文集（第四卷）[M].北京：人民出版社，1996：4.中共中央文献研究室，中央档案馆.建党以来重要文献选编（1921—1949）（第二十二册）[M].北京：中央文献出版社，2011：647-654.中共重庆市委党史工作委员会，重庆市政协文史资料研究委员会.重庆谈判纪实[M].重庆：重庆出版社，1983：7.

办了诸多具有现代大学教育特征的高等学校。边区各高等学校不仅迅速恢复，而且在城市开展了稳定正规化办学的探索，高等教育走向了一个新的发展高度，该时期是晋察冀边区高等教育最为辉煌的时期。

（一）晋察冀边区高等教育稳定正规化发展的准备

抗战胜利前夕，毛泽东同志的城乡革命统筹思想逐步由"立足城市、凸显乡村"转向"发展乡村、徐图城市"[①]，提议"要在根据地内学习好如何管理大城市的工商业和交通机关，否则到了那时（指抗战胜利后——作者注）我们将无所措手足"[②]。在党的七大会议上，毛泽东同志再次强调要准备夺取大城市，到城市去工作，把工作重心转到城市，夺取东北大城市，并指出："如果我们有了东北，大城市与根据地打成一片，那末，我们在全国的胜利就有了巩固的基础了。"[③]1945 年 8 月 11 日，面对日本乞求投降、抗战胜利在即的好形势，毛泽东同志再次在《关于日本投降后党的任务》中指出：要"迅速加强城市工作，特别加强我党可能与必须夺取的那些城市的工作。派大批有能力的干部到这些城市里去，迅速学会管理城市中财政、金融、经济工作，利用一切可能

[①] 周锦涛. 毛泽东城乡革命统筹思想的几个转折阶段 [J]. 毛泽东研究（2010 年），2011：126-137.

[②] 毛泽东选集 [M]. 北京：人民出版社，1966：950.

[③] 毛泽东. 毛泽东文集（第 3 卷）[M]. 北京：人民出版社，1996：411.

利用的人参加城市工作"①。晋察冀边区依靠自己的力量，光复张家口市，以及周边几十座县城，打通了从延安到东北的交通要道。

光复张家口后，为进一步巩固市区安全，晋察冀边区下属的冀察军区司令部和冀察行署先行移驻张家口，并通过《晋察冀日报》向全市人民发出公告，提出"在晋察冀边区政府及冀察行署直接领导下，和平民主繁荣的新张家口的建设工作正在实施。工商学各界市民人等，其各复工复业复学，团结努力，为建设新的张家口市而奋斗"②，张家口市区各行各业立即开始恢复与重建。根据党中央、毛主席的指示，晋察冀边区的晋察冀中央局和晋察冀边区政府统一部署，边区各机关单位、高等学校、文艺团体等纷纷进驻张家口市，一方面，积极参与城市接收和管理工作，积累管理城市的经验；另一方面，开展在城市稳定正规化办学的探索，积累办正规高等学校的经验，为高等教育建设奠定基础。其间，迁入张家口市的高校有华北联大、白求恩学校、晋察冀工业专门学校等；迁入宣化市的有冀察军政干校；接管的原日伪高校有张家口医学院、铁路学院等。是时，白求恩学校在停课支前，中国医科大学、延安大学（含自然科学院）等在赶赴东北的途中，也在张家口短暂办学，一时间张家口高校云集，高等教育呈现出迅猛发展之势。

① 毛泽东.毛泽东文集（第3卷）[M].北京：人民出版社，1996：455.
② 冀察军区司令部、政治部布告 [N].晋察冀日报，1945-9-14（4）.

1. 华北联合大学

1945 年 8 月中旬，晋察冀军区指令各高等学校做好随军迁移的准备，按照边区政府的统一部署，华北联大教育学院将一部分当地学员分配回原单位工作，其余大部分师生分编为两支队伍，分别开赴北平和天津，开展城市教育工作。开赴北平的队伍由教育学院党总支书记狄子才[①]和副院长林子明[②]带队，8 月底到达平西地区待命。因国民党政府抢占胜利果实，进入平津地区已无现实可能，华北联大教育学院（开赴天津的分队是否进入张家口待考）遂奉命进驻张家口市，驻东山坡原日本"国民学校"及其附近的原日军营房。之后，立即恢复华北联合大学全称，复校上课，开始在城市稳定办学和正规化建设的尝试。

1945 年 11 月上旬，参加完党的七大的成仿吾校长回到晋察冀边区，在张家口主持华北联大的全面恢复工作。在成仿吾的带领下，华北联大"抓紧时间进行复校、扩校和走向正规化的工作"[③]，建立健全了机构设置，调整了人员任职情况，逐步形成完整的教育机构和较高水平的教学管理团队。同时，华北联大恢复和重建

---

① 狄子才（1919—2014），陕西临潼人，1937 年加入中华民族解放先锋队，同年加入中国共产党。新中国成立后，曾任第五机械工业部副部长、兵器工业部党组成员、铁道部纪委书记等职。

② 林子明（1900—1971），山东即墨人，1945 年加入中国共产党。新中国成立后，曾任天津师范大学生物化学系教授、系主任，河北大学（在天津办学时期）生物系教授、系主任等职。

③ 宋荐戈等 . 成仿吾教育实践与教育思想 [M]. 长沙：湖南教育出版社，1997：73.

了原有的文艺学院和法政学院，扩大了教育学院。12月，已经担任张家口市教育局局长的林子明回到学校担任教务长，加强了学校领导。

此时的华北联大还有一项重要的政治任务，即开办"附属行政人员训练所"①。在接管张家口市的过程中，有很多之前曾在日伪政府组织工作的行政人员、学校教职员。根据中央的指示，以及晋察冀边区"团结教育"的方针，冀察行署对原任职人员进行甄别接收，并委托华北联大设立行政人员训练所，专门对前伪组织职员进行再教育。华北联大通过《晋察冀日报》发布《华北联合大学附属行政人员训练所启事》②，对行政人员的训练事项进行了相关说明和规定。1945年11月，为了加强和规范对接管的前伪组织职员的教育和培训，华北联大再次在《晋察冀日报》上发布了关于请假逾期未归和私自潜逃问题的告示，提出有请假逾期未归者，要在规定时间内返校，对不能如期返校及私自潜逃人员，还做了相关的处理决定③。可以说，在张家口接管期间，华北联大是意识形态教育重要基地，有力宣传了党的城市政策，积累了城市接管过程中教育训练旧职人员的宝贵经验。

---

①1945年9月，由华北联合大学开设的、对伪蒙疆系统的职员、教员等进行改造和教育的机构，时任华北联合大学校务主任狄子才兼任所长，顾稀任副所长并主持工作。1945年10月10日，顾稀奉命接管铁路学院。行政人员训练所于1945年12月完成使命，结束工作。

② 华北联合大学附属行政人员训练所启事 [N]. 晋察冀日报，1945-9-14（4）.

③ 华北联合大学启事 [N]. 晋察冀日报，1945-11-4（4）.

2. 晋察冀边区工业专门学校

晋察冀边区工业专门学校，是抗战胜利后晋察冀边区自主创办的一所具有高等教育性质的职业学校，1946年初，与延安自然科学院合并后，仍沿用本校名。该校源自抗战期间边区军事工业部的工业训练班，当时军事工业部边生产武器弹药，边培训技术人员，逐步发展成为工业训练班。大约在1944年，工业训练班正式成立。在艰苦卓绝的抗战期间，军事工业部及后期成立的工业训练班，坚持武器弹药的生产及技术人才的培训，为边区的抗战贡献了巨大力量[1]。

张家口光复后，"晋察冀军区指示军区工业部组织人员进驻张家口，接收张家口和宣化地区的工矿企业"[2]。工业训练班接管了原日伪宣化工科实业学校，建立了晋察冀边区工业（科）专门学校。宣化工科实业学校是日伪政府兴办的、替侵略者培养掠夺中国资源的技术人员的中等职业学校。同时，日伪在张家口建有交通学院，亦被工业训练班的干部接管。工业训练班完成对宣化工科实业学校的接管和清理整顿工作后，即发函、登报号召该校原各班学员返校复课[3]。在中国共产党的领导下，晋察冀边区工业专门学

① 张金辉，郎琦.晋察冀边区工业专门学校在张家口的创办及主要经验[J].石家庄学院学报，2022（5）：17-22.
② 龚焕文.河北省志·第34卷·国防科技工业志[M].北京：中国书籍出版社，1995：14.
③ 梁桂淑.在张家口"工专"的日子里[A].刘朝兰.晋察冀边区工业专门学校史料[M].北京：北京理工大学出版社，1995：93.

校一面重新建校，一面局部复课，校址先设在宣化城内，后改在龙烟铁矿大楼。

1945 年 10 月，为适应形势的发展，晋察冀边委会教育处对张家口、宣化等地学校进行调研后，发布了新的规定："设立工科专门学校，以前宣化工科实业学校及交通学院为基础，校址设在张家口。"[①] 紧接着，晋察冀边委会出台了《关于整顿张家口及宣化中等学校的决定》，要求"以旧有张家口交通学院及宣化工科实业学校为基础，兴办工科专门学校，培养采矿、机械、交通等普通技术人才"[②]。根据该决定，晋察冀工业专门学校遂于 1945 年 12 月迁至张家口市区，进一步接管了原日伪蒙疆交通学院，在张家口市区续接设立晋察冀边区工业（科）专门学校，受边委会直接领导，以原日伪蒙疆交通学院长胜大街旧址（现张家口市桥西区永丰后街副 1 号）为校址。一所中国共产党领导下的新型的工业技术学校就此诞生。此时的工业（科）专门学校规模尚小、师资不足、经验不够，但为后期的扩大办学及与延安自然科学院合并，打下了坚实基础。

3. 张家口医学院

张家口医学院是中国共产党在抗战胜利后，成功接管的一所

① 中共河北省委党史研究室. 晋察冀解放区首府张家口 [M]. 北京：中共党史出版社，1996：303.

② 中共河北省委党史研究室. 晋察冀解放区首府张家口 [M]. 北京：中共党史出版社，1996：75.

医学高等学校，其前身是日伪蒙疆中央医学院。日寇侵华期间，为巩固殖民统治，在张家口设立了蒙疆中央医学院，其教学设备和医疗器材较为完备，并设有一个 200 张床位的附属医院。对日大反攻阶段，医学院的日籍教职员基本都随军撤退。在医学院工作和学习的爱国教职员工和学员，在附属医院大夫吴之聘、迟复元和总务科事务员郭泽民等的带领下，找来枪支，昼夜巡逻，防止学校和医院被破坏和抢劫，保护了学校和医院的各类设施，后又将学校和医院完整地转交给了前来接管的冀察军分区卫生部，时任部长为彭方复①。不久，冀察军区将医学院改名为张家口医科专门学校，并任命吴之聘为学校校长兼附属医院院长，迟复元为学校教务处长兼附属医院医务处主任。②

根据冀察军区"复工复业复学"的指示，学校迅速复课，学校通过《晋察冀日报》发布《张家口医科专门学校招生简章》③，招收高中毕业生或具有同等学力者，修业年限暂定 3 年，"这就是后来白求恩医大的二十一期"④。1945 年 9 月，晋察冀边区党政军进

---

① 彭方复（1911—2001），湖北省阳新县人。1931 年加入中国共产主义青年团，1932 年转入中国共产党。新中国成立后，曾任沈阳军区后勤部卫生部部长、军事医学科学院副院长、国防科委后勤部部长等职。

② 吴之聘. 保护医院前后 [A].《白求恩医科大学校史》编辑委员会. 白求恩医科大学校史（1939—1989）[M]. 成都：四川人民出版社，1989：267-268.

③ 张家口医科专门学校招生简章 [N]. 晋察冀日报，1945-9-14（4）.

④ 吴之聘. 保护医院前后 [A].《白求恩医科大学校史》编辑委员会. 白求恩医科大学校史（1939—1989）[M]. 成都：四川人民出版社，1989：270.

驻张家口后，再次将学校更名为张家口医学院。为进一步改造学校，加强党的领导，晋察冀军区任命军区卫生部部长殷希彭[①] 兼任医学院院长，军区卫生部政委姜齐贤[②] 兼任医学院政委，原白求恩学校教务副主任康克[③] 担任教务处长，"后又陆续增派路九牧、齐恒德、李文印等同志进入学校，承担起恢复、整顿和管理学校的重任"[④] 原附属医院仍为教学医院，由"吴之聘任院长，白森林任政委，张录增、迟复元任副院长"[⑤]。

　　1945 年 11 月，随日军撤出张家口的原蒙疆中央医学院院长、病理学专家、日籍教授稗田宪太郎，以及教员津泽胜等 20 多名日籍医生、护士，在党的城市工作部的动员下，回到学校和医院工作。康克等接管干部根据党的政策，采取"团结教育"的方针，对学院的旧教员、学员和日籍人员等进行教育和改造，坚持教育与管理并重，既强调以身作则、说服教育，又制定并严格执

---

① 殷希彭（1900—1974），河北安国小营村人，1942 年加入中国共产党。新中国成立后，曾任第一军医大学校长，军事医学科学院副院长、院长，中国人民解放军总后勤部卫生部副部长等职。

② 姜齐贤（1905—1976），湖南省湘乡县（今娄底市）人，1931 年参加中国工农红军，1935 年加入了中国共产党。新中国成立后，曾任中央军委卫生部部长，军委高级后勤学校副校长，人民解放军后勤学院教育长，国家农垦部副部长等职。

③ 康克（1907—2011），河北安国市人。1938 年参加八路军，1942 年加入中国共产党。新中国成立后，曾任白求恩医科大学教务主任、副校长等职。

④ 康克.我这一百年 [M].长春：吉林人民出版社，2008：152.

⑤ 刘民英.稗田宪太郎：八路军中的一位日本著名教授 [M].北京：人民军医出版社，1989：60.

行各项规章制度，加强学校的管理，逐步改变其思想观念。①稗田宪太郎是一位有正义感的学者，回到张家口后，他开始了解八路军，学习马列主义和革命理论，主动改造自己的思想和认识。晋察冀军区聘其担任卫生部顾问，并任命他为张家口医学院病理教研室主任。②经过不懈努力，张家口医学院各项工作逐步进入正轨。1946年，该校先后与中国医科大学、白求恩学校合并办学③，进一步提升了解放区医学教育的专业水平。

4.晋察冀铁路学院

晋察冀铁路学院的前身是日伪在张家口开办的铁路学院，经过新民主主义改造后成为革命的高等学府。张家口光复后，八路军晋察冀部队接管了日伪张家口铁路局及其所属铁路学院。铁路学院虽称学院，但却名不副实，修业年限较短，教学内容缺乏计划性，充其量是为日伪统治服务的短期训练班。1945年10月，为进一步改造被接管的铁路学院，晋察冀边区政府将学校更名为晋察冀铁路学院，并调华北联合大学顾稀担任院长，顾稀时任华北联大附属行政训练所副所长，有丰富的旧职员教育改造经验。

顾稀曾回忆："到张家口后，华北联大在正式招生前，先开办

① 康克.我这一百年[M].长春：吉林人民出版社，2008：152.
② 刘民英.稗田宪太郎：八路军中的一位日本著名教授[M].北京：人民军医出版社，1989：60.
③ 张金辉.晋察冀解放区高等教育研究（1937—1949）[M].北京：中国言实出版社，2018：201.

了行政人员训练所，对原敌伪人员进行政治训练……1945年10月，我调到张家口铁路局，担任张家口铁路学院院长，踏上了新的革命征程。"① 实际上，当时为了团结铁路技术人员，仍由原伪铁路学院院长才子和留任正院长之职，顾稀为副院长，负责实际的接管与思想改造工作。然而，才子和于同年11月私自前往北平国统区后杳无音信，便由顾稀任代院长。在张家口办学期间，刘披云② 也曾短期担任院长。顾稀等人接管铁路学院之初的主要任务，是"举办路局各种留用员工的学习班和训练班，以利改造思想，转变立场，提高他们的政治思想觉悟。办的班分为两种，一种是以政治审查为主，对象主要是留用人员中的各级领导和技术人员；另一种是以已有一定觉悟的工人中骨干为主，帮助他们进一步提高阶级觉悟，争取入党入团"③。经过几个月的改造，铁路学院已脱胎换骨，成为革命的高等学府，也是党领导下的"解放区的第一所铁路学校"④。

---

① 顾稀. 回忆华北联合大学 [A]. 中国人民大学高等教育研究室，中国人民大学校史编写组. 血与火的洗礼——从陕北公学到华北大学回忆录（第一卷）[M]. 北京：中国人民大学出版社，1997：187.

② 刘披云（1905—1983），四川省广安市岳池县人，1925年加入中国共产主义青年团，同年7月转入中国共产党。新中国成立后，曾任南开大学党委书记兼副校长，云南省委常委，云南大学校长等职。

③ 张毅，易紫. 中国铁路教育的诞生和发展（1871—1949）[M]. 成都：西南交通大学出版社，1996：285.

④ 何云庵，李万青. 竢实扬华　自强不息：从山海关北洋铁路官学堂到西南交通大学（下）[M]. 成都：西南交通大学出版社，2011：19.

"1946 年 1 月，学校明确以教育在职员工为主要任务，分设初级班、运输班、讲习班。后因土木、水利人才缺乏，于 8 月又成立了土木工程系，培养一般技术人员及其他工程管理人员。"[①] 为了充分发挥铁路学院铁路交通运输方面的教学资源，为解放区的建设培养专业技术人才，学院还附设中学班，以"培养铁路初级技术与业务人才"为办学宗旨，并通过《晋察冀日报》发布招生简章，公开招收学生。1946 年 10 月，铁路学院师生与华北联大、晋察冀工专等大中专学校一道撤入革命老区。新中国成立后，铁路学校逐渐演变发展为现今的北京交通大学和西南交通大学。

5. 冀察军政干部学校

冀察军政干校全称为冀察军区军事政治干部学校，是在抗大二分校留下的教导大队基础上改建而成。1943 年，抗大二分校奉命回到陕北绥德，但将教导大队留在了晋察冀，后改建为冀察军区教导大队。1945 年 9 月，教导大队随军进驻宣化，并迅速扩建为冀察军政干部学校，先由杨有山（化名晨光）[②] 任校长，李光辉[③] 任政委，不久由李光辉任校长。1945 年 11 月，李光辉奉命调任察

---

① 《北方交通大学志》编纂委员会 . 北方交通大学志 [M]. 北京：中国铁道出版社，2001：900.

② 杨有山（1906—1983），辽宁辽阳人，1937 年加入中国共产党。新中国成立后，曾任北京军区司令部军事训练处处长、河北省军区副司令员等职。

③ 李光辉（1912—2003），湖南省平江县人，1928 年加入中国共产主义青年团，1930 年加入中国共产党。新中国成立后，曾任解放军高等军事学院政治部副主任、福州军区副参谋长等职。

北军分区副政委，李青川①接任校长。自 1945 年 9 月起，冀察军政干校连续在《晋察冀日报》上发布招生简章，详细介绍了招生名额、入学条件和报考时间地点等，指出"以培植新型的革命的初级军事政治干部，扩大与提高为人民服务之人民军队为宗旨"②。11 月 15 日，最后一批学员报名结束。

　　1945 年 12 月 1 日，冀察军政干校在宣化人民剧院举行了盛大的开学典礼，《新察哈尔报》③作了报道。冀察军区政委刘道生④、中共察哈尔省委副书记刘杰⑤等出席典礼并发表讲话，号召广大学员投身民主潮流，为中国人民的解放事业而奋斗。冀察军政干校在课程与教学方面，注重理论联系实际，强调在实践活动中锻炼和提高学生的工作能力、理论水平和思想觉悟。在课程方面，冀察军政干校不拘泥于固定的课程，"不是上大课，而是划分小组，阅

① 李青川（1912—1992），山西省和顺县人。1937 年参加革命，1940 年加入中国共产党。新中国成立后，曾任国家体委军管会副主任、国家体委副主任等职。
② 冀察军区军事政治干部学校招生简章 [N]. 晋察冀日报，1945-9-13（4）.
③ 1945 年 12 月 1 日创刊，1947 年 2 月更名为《察哈尔日报》，随后又改组为《北岳日报》，1948 年与《冀热察导报》（曾改名为《张家口日报》）合并，定名《察哈尔日报》，为中共察哈尔省委机关报。1952 年随察哈尔省撤销终刊。
④ 刘道生（1915—1995），湖南茶陵人。1930 年加入中国共产主义青年团，后转为中国共产党党员。新中国成立后，曾任海军副司令兼海军军事学院院长、海军航空兵司令员等职。
⑤ 刘杰（1915—2018），河北威县人，1932 年加入中国共产主义青年团，1935 年转入中国共产党。新中国成立后，曾任第二机械工业部部长，河南省委第一书记等职。

读材料，进行讨论，提出问题，大会辩论，政治老师总结"[①]，阅读的材料主要包括《论联合政府》《中国革命与中国共产党》等。冀察军政干校还通过放电影来对学员进行教育，如放映苏联电影《夏伯阳》[②]。在教学方面冀察军政干校也十分有新意，据学员崔冲回忆："学习的方法也特别……开始入校，不以军事为主；但强调纪律，要求我们学会整理内务，把被子要叠成豆腐块。那时最热闹的是俱乐部，教导员给我们开辟了'学员园地''我的希望''问题解答''点将台''文化娱乐'等栏目。"[③]同时冀察军政干校还开展了回忆运动，以提升学员们的思想政治觉悟[④]。

在张家口办学期间，冀察军政干校培养了众多军政人才。全面内战爆发后，冀察军政干校全体学员编入战斗部队，参加解放战争。该校后来演变为察哈尔军区军政干校、晋察冀第六纵队随营学校、华北军政大学附属步兵学校等，是石家庄陆军指挥学院（现解放军国防大学联合作战学院）的前身之一。

总之，抗战胜利后的短短几个月内，晋察冀边区贯彻和平民

① 崔冲. 回忆我所受过的三种不同的教育 [A]. 康保文史资料（第4辑）[M]. 中国人民政治协商会议河北省康保县委员会，1990：43.
② 崔冲. 回忆我所受过的三种不同的教育 [A]. 康保文史资料（第4辑）[M]. 中国人民政治协商会议河北省康保县委员会，1990：44.
③ 崔冲. 回忆我所受过的三种不同的教育 [A]. 康保文史资料（第4辑）[M]. 中国人民政治协商会议河北省康保县委员会，1990：43.
④ 崔冲. 回忆我所受过的三种不同的教育 [A]. 康保文史资料（第4辑）[M]. 中国人民政治协商会议河北省康保县委员会，1990：45.

主建设方针，加强高等教育的恢复与重建，仅在边区首府张家口就恢复扩建、合并重组和接管改造了多所高等学校、专门学校和具有高等教育性质的干部学校，所属其他分区的各类高级干部学校更是不胜枚举。这一时期，晋察冀边区各高等学校由农村进入城市，由战时教育转入平时教育，办学环境和物资条件大大改善，为高等教育向稳定正规化方向发展奠定了坚实基础。

（二）晋察冀边区高等教育稳定正规化发展的探索

自 1946 年初至 1946 年 10 月国民党军占领张家口为止，晋察冀边区高等教育在恢复和重建的基础上，开始了在城市稳定正规化办学的探索。抗战胜利后，中国共产党发表《对目前时局的宣言》，主张"成立举国一致的民主的联合政府"[1]，开始"新的和平建设时期"[2]。经过艰难的谈判与磋商，国共两党签订了《双十协定》《和平建国纲领》《停战协定》等一系列协议，解放区迎来了短暂的和平机遇期。晋察冀边区高等教育经过短暂的恢复和重建后，逐步向稳定正规化方向发展。此次教育正规化的探索，是党领导下的、以建立正规化教育制度的又一次尝试。此前，党领导的教育事业经历过两次正规化的探索，"第一次是苏维埃时期，相关的教育政策颁布后尚未实施，党就开始长征。第二次是 1938—

---

① 中共中央对目前时局的宣言 [N]. 解放日报，1945-8-27（1）.
② 中共中央对目前时局的宣言 [N]. 解放日报，1945-8-27（1）.

1942 年，由于根据地实际情况的限制，实施中出现诸多问题，1942 年停止"[①]。第三次就是 1945 年至 1946 年和平民主建设时期的探索[②]，为 1948 年至 1949 年的第四次正规化探索，即从农村到城市转变的"新型正规化"的实施奠定了坚实基础。

抗战胜利后，中国共产党总结了以往正规化教育制度探索中的经验，对教育正规化提出了新的要求。晋察冀边区高等教育在城市稳定正规化办学过程中，特别注重避免和防止旧型正规化（主要指脱离解放区政治经济水平和人民生活实际，推行"普及教育""强迫义务教育"和以一定程度的通识教育为基础的专业教育等）的危害，强调一切从实际出发，建立符合解放区建设与发展的"新型正规化"高等教育发展思路。根据和平建设迫切需要快速、大规模培养各类专业技术人才的现实情况，晋察冀边区各高校调整了办学宗旨，适当延长了学制，规范了管理制度，改革了军事化的课程与战斗式的教学，开展了丰富多彩的课外活动，办学思路由战时教育向平时教育过渡，培养目标由教育为革命战争服务向教育为国家建设服务转变。此外，对曾经出现过的"旧型正规化"[③]等问题，晋察冀边区在《关于目前教育工作的指示》（1946）中提出："严格防止并肃清旧型正规化思想。从边区实际

① 石玉. 中国革命根据地教科书研究 [M]. 北京：知识产权出版社，2015：206.
② 在《中国革命根据地教科书研究》中，作者认为中国共产党领导的教育工作的第三次正规化探索，是在解放战争时期，即 1946—1948 年。
③ 徐辉. 抗战大后方教育研究 [M]. 重庆：重庆出版社，2015：160.

需要出发，建设有较长期计划的教育制度"①，强调实事求是、学以致用。其间，在晋察冀边区首府张家口办学的高等学校或具有高等教育性质的干部学校逐渐增多，成为在革命战争年代边区高等教育发展的鼎盛时期。

1. 华北联合大学

1946 年初，延安大学部分师生迁往东北途中受阻滞留于张家口市，遂与华北联大合并办学。由此，华北联大进一步建立健全了机构设置，从抗战胜利后仅有一个教育学院，发展到拥有教育学院、法政学院、文艺学院、外国语学院四个学院和一个华北文工团②。调整了人员任职情况，形成了具有较高水平的教学和管理团队。原联大校长成仿吾仍为校长，延安大学校长周扬任副校长，延安大学副校长张如心担任教务长，原联大教务处长林子明改任副教务长。学校办学条件极大改善，学习环境稳定，有固定的教室、宿舍、图书馆和运动场地。1946 年 2 月 21 日至 27 日，华北联大在《晋察冀日报》上连续 7 天发布招生简章，以"培养青年参加新中国的政治经济文化建设工作"③为宗旨，面向全国招收新生 800 名，修业年限为 2—3 年。

---

① 皇甫束玉等.中国革命根据地教育纪事（1927.8—1949.9）[M].北京：教育科学出版社，1989：320.

② 以延安大学鲁迅艺术文学院为主，由艾青、江丰等率领，从延安迁入晋察冀边区首府张家口。

③ 介绍华北联合大学（张家口广播）[N].晋察冀日报，1946-2-23（2）.

是时，文化名人云集张家口，为了提高学校的教学质量和办学水平，学校吸收了全国文学、艺术、教育、政治等方面的众多知名人士和专家，担任学校各院系领导和教员，加强学校的教学和管理工作。"如此众多的院系和强大的领导阵容，使华北联合大学成了华北解放区的最高学府"①。在此基础上，华北联大努力进行着在城市内稳定办学和建设"新型正规化"高等学校的探索。

在课程方面，华北联大形成了公共课与专业课相结合、理论课与实践课相结合的课程结构，既注重提高学生的思想政治觉悟，又重视培养学生的专业技能。华北联大建立了丰富多样的专业课程体系，专业课程的数量增加，比重上升，努力给予学员最先进的业务知识。在教学方面，华北联大形成了课堂教学与实践活动相结合的教学形式，注重在实践中提高学生的实际工作能力。"在成仿吾的领导下，华北联合大学认真贯彻了教育与现实斗争相结合、教育与生产劳动相结合的原则"②，组织学员参与地方文化宣传、教育指导和政治民主建设，同时也积极参加生产劳动，加强与群众的情感联系。华北联大组织了秧歌队，在张家口市人民剧院和大境门附近等地进行表演，帮助市民开展各种形式的庆祝活动。戏剧、文学、美术、音乐等各系教职学员，开展与群众合写剧本、排练节目，为群众画像、出版街头画报，教小学生唱歌等

---

① 宋荐戈等. 成仿吾教育实践与教育思想 [M]. 长沙：湖南教育出版社，1997：73.
② 宋荐戈等. 成仿吾教育实践与教育思想 [M]. 长沙：湖南教育出版社，1997：68.

活动。1946 年"春节期间，华北联大又安排学生下乡，分散到各地进行文艺宣传，准备文艺活动，回来后进行全面的个人总结，包括工作表现、群众关系和业务方面的收获。这是各系教学活动的重要环节"①。同时华北联大还组织了宣传队到大同前线进行慰问演出和战斗动员服务。晋察冀边区参议会期间，华北联大也参加了相关宣传和组织工作。

为实现在城市稳定正规化办学，华北联大还制定和完善了各项管理制度。在招生简章及相关文件中，华北联大对学校的办学宗旨、入学条件、修业年限等做了详细说明，建立了较为明确的学校教育制度。为加强学校管理，华北联大实行校长负责制，以校务会议制度为"学校最高行政会议，由校长任主席，校长办公室主任、教务长、总务长、各学院院长为校务会议成员"②，还建立了教务会议制度，由教务会议来决定和执行学校的各项教学工作，规范学校的教学管理，并成立了招生委员会、干部教育委员会和民运委员会等机构，规范学校的招生、干部教育和民运活动，提高了学校的教学质量和管理水平。

"华北联大在张家口办学的历史，是中国共产党领导下的、中

---

① 王巨才．延安文艺档案·延安文学（第 31 册）延安文学组织 [M]．西安：太白文艺出版社，2015：599．
② 余飘等．成仿吾传 [M]．北京：当代中国出版社，1997：438．

国革命教育与现代大学教育相结合的一种新型的教育发展尝试。"①
其间，华北联大规范了课程设置，加强了教学和管理，努力实现
办学正规化，培养了各条战线的专业人才，为开展边区的政治、
经济、文化、教育、文艺等工作，作出了突出贡献。1946年10
月，因国民党傅作义部攻占张家口市，华北联大师生撤出张家口
城区，迁入冀中束鹿农村办学，并恢复战时教育体制，结束在城
市稳定正规化办学的探索。

2.晋察冀边区工业专门学校

抗战胜利后，根据中共中央的指示，延安大学取道张家口迁
往东北办学。由于国民党军在承德、锦州等地设置障碍，前进道
路受阻，延安大学不得不在张家口驻留。1946年1月，延安自然
科学院从延安大学分出，与晋察冀边区工业专门学校合并，校名
沿用"晋察冀边区工业专门学校"（后简称"工专"），由原延安大
学自然科学院副院长恽子强②担任校长。

延安自然科学院的前身是1939年中央财经部创办的自然科学
研究院，李富春兼任院长。同年12月，中央财经部"决定把自然
科学研究院改为'自然科学院'，既从事科研实验，又大力培养新

---

① 张金辉，郎琦.中国人民大学办学正规化现代化的重要时期——华北联大在张家
口办学的历史考察与价值分析 [J].河北北方学院学报（社会科学版），2013（4）：
75-80.
② 恽子强（1899—1963），1924年参加共产主义青年团，1925年转入中国共产党。新
中国成立后，曾任中国科学院办公厅副主任、编译局副局长、中国科学院东北分院
副院长等职。

的科技生力军。1940年初，筹建工作开始进行。在延安当时已具备了办自然科学院的师资条件"①。经过周密的筹备，延安自然科学院于1940年9月正式成立，由徐特立担任院长。"学院分本科（大学）、预科（相当高中）、补习班（相当初中）三部分；学制二年（后来改为三年）。"②"其中大学部开始设物理、化学、生物、地矿四个系，后改为机械、化工、农业三个系；学制开始定为两年，后改为三年。前前后后进自然科学院学习的学员有五百余人。"③延安自然科学院代表了根据地自然科学研究和自然科学教育的最高水平。1943年4月，延安自然科学院并入延安大学。

1946年1月，与延安自然科学院合并后的晋察冀边区工业专门学校，办学的硬件设施、规模、层次和教学质量等方面都得到了全面提升。学校通过北平军调部和北平党组织的帮助，购置了示波器、分析天平、绘图仪器、化学实验室用品、经纬仪、计算尺以及多种图书，建立了化学实验室，制图教室等，还设立了拥有数千册政治及中外文技术书籍的图书馆④。工专成立后，即在《晋察冀日报》上刊登了招生简章，以"培养工业技术人才"为办学宗旨招收新生，并对考核方式和内容等进行了具体说明。此

① 齐豫生等.中国全史（第五卷）[M].长春：吉林摄影出版社，2002：2998.
② 齐豫生等.中国全史（第五卷）[M].长春：吉林摄影出版社，2002：2998.
③ 谈天民.从延安走来：北京理工大学的办学道路[M].北京：北京理工大学出版社，2004：1.
④ 张惠生.延安自然科学院从延安到张家口以后[A].刘朝兰.晋察冀边区工业专门学校史料[M].北京：北京理工大学出版社，1995：41.

后，学校又连续发布了招收插班学生的简讯。经过公开招生，工专"当时的学生有几百人，主要由四部分组成：一部分是从延安来的，一部分是北京城市工作部动员来的，一部分是晋察冀边区送来的，一部分是原张家口工专的"①。通过考试测验，工专将全校学生划分为四个教学班次：延安自然科学院本科生和平津来的文化程度较高的学员编为一班；文化程度相当于初中毕业到高中二年的，编为二甲班和二乙班；文化程度相当于初中毕业的，编为三班②。学校还建立健全了各项规章制度，包括每日学习 10 小时制度、批改作业制度和考试制度。同时，注重理论与实践相联系，经常安排学生下工厂参观实习。③

经过几个月的努力，晋察冀工业专门学校成为解放区自然科研究和教育的最高学府和活动中心，是晋察冀边区开办的第一所工科类的高等院校。1946 年 9 月，国民党军进攻张家口，学校撤至张家口蔚县的暖泉镇。起初学校决定在此继续稳定办学，各班分组住进老乡家中。一面因陋就简地按原教学计划继续开课，一

① 王甲纲. 回忆自然科学院离开延安前后的一些情况 [A]. 刘朝兰. 晋察冀边区工业专门学校史料 [M]. 北京：北京理工大学出版社，1995：24.
② 张金辉. 晋察冀解放区高等教育研究（1937—1949）[M]. 北京：中国言实出版社，2018：198.
③ 张金辉，郎琦. 晋察冀边区工业专门学校在张家口的创办及主要经验 [J]. 石家庄学院学报，2022（5）：17-22.

面准备在暖泉镇作长期安排，进行了地形测量以备改进校舍^①。一个月左右，张家口失陷，战争形势进一步恶化，学校迁入老根据地河北省建屏县柏岭村，结束了在张家口地区的办学。

3. 中国医科大学

抗战胜利后，晋察冀边区首府张家口成为从延安通往东北的必经之路和中转之地。1945 年 11 月，根据中共中央发出《关于目前任务和向南防御、向北发展的战略方针和部署的指示》，中国医科大学从延安出发，前往东北开辟医疗教育工作，于 1946 年初抵达张家口地区涿鹿县附近。因北上东北道路受阻，经中共中央批准，中国医科大学与张家口医学院合并办学，定名为中国医科大学，由殷希彭兼任校长，姜齐贤兼任政委。原中国医科大学教务主任陈应谦任教务处长，原张家口医学院教务处长康克任教务处副处长。"成立会上，前延安医大校长王斌同志，指出科学和民主不可分。并强调理论与技术结合，确定正确的人生观，了解社会发展规律，才能有发展前途，才能打开科学的大门，他号召大家努力建设一个和平民主团结的医大。"^②《晋察冀日报》发布了学校成立的消息，对学校进行了简要介绍。

中国医科大学与张家口医学院合并办学后，将原张家口医

① 杨述贤. 回顾"工专"往事 [A]. 北京理工大学关工委秘书处组编. 桑榆情怀：我的北理故事 [M]. 北京：北京理工大学出版社，2018：57-58.
② 中国医科大学成立 [N]. 晋察冀日报，1946-03-08（2）.

学院学员按照中国医科大学建制序列进行了改制排列。"原二期改为第十八期,三期改为二十期,四期改为二十一期,五期改为二十二期,六期改为二十三期,学制 4 年。"①合校后学校办学规模扩大,学员数量增加,原有校舍拥挤,"市政府及军区决定将学校大院北门的百余间旧兵营划归医大,作为全校学生的生活区"②。学校包含多名中外著名医学专家、教授,医学教学设备和仪器也更加完备,原张家口医学院附属医院改为中国医科大学附属医院。其间,中国医大"进一步健全组织结构,调整总体规划,建立强化各项规章制度,使学校的管理逐步走向科学化、制度化、规范化"③。为加强对师生的思想政治教育,中国医大以"全心全意为人民服务,救死扶伤,实行革命的人道主义"为办学宗旨,强调校风学风建设。

1946 年 6 月东北局势稍有好转,中国医大主体奉命继续北上。原张家口医学院与中国医科大学第十八、第二十期的部分学员和少数教师留在张家口,与白求恩学校合编,成立白求恩医科大学。北上东北的中国医科大学主体,后几经并校易名,成为今天在沈阳办学的中国医科大学。中国医大在张家口办学时间不长,却有着重要的历史价值。一方面,中国医大 1931 年创建于江西瑞金,

---

① 康克.我这一百年 [M].长春:吉林人民出版社,2008:155.
② 康克.我这一百年 [M].长春:吉林人民出版社,2008:155.
③ 康克.我这一百年 [M].长春:吉林人民出版社,2008:155.

是党创建的第一所医科院校，汇聚了党领导下的顶级医学人才。两校的重组，在切磋学习过程中取长补短，推动了晋察冀边区医学教育和医疗事业的建设和发展。另一方面，中国医大是一所具有光荣革命传统的医学院校，而原张家口医学院的师生，大部分是日伪时期的师生，长期受到奴化教育影响，奴化思想较为严重。两校合并后，中国医大工作人员发挥了对原张家口医学院师生的思想改造作用，特别是对原日籍教师的思想改造，收效甚大①。可以说，中国医大遵从党的号召，说留则留，说走就走，将毛泽东同志题写的"救死扶伤，实行革命的人道主义"的誓词发扬光大。

4. 白求恩医科大学

白求恩学校虽然在抗战胜利后即迁入张家口市办学，但由于战争形势的需要，晋察冀军区决定白校"暂时停课，支援前线"②。白校校部迁驻张家口十三里营房，全体医护人员组建起一所有1000多张床位的野战医院，接收和治疗平绥线的伤员。校长张文奇担任野战医院院长，耿毓桂任政委。在2个多月时间内，白校共收治2400多名伤员③。

1946年1月，国共对抗局势稍有缓和，白校完成救治伤员、

---

① 张金辉等.尘封的历史：中国医科大学在晋察冀首府张家口办学的几点考释 [J]. 张家口职业技术学院学报，2021（1）：21-23.

② 王谦.晋察冀边区教育资料选编（干部教育分册）（上）[M]. 石家庄：河北教育出版社，1990：289.

③ 王谦.晋察冀边区教育资料选编（干部教育分册）（上）[M]. 石家庄：河北教育出版社，1990：289.

支援前线的任务后，返回张家口市区东山坡驻地复课。"由于张家口市及新解放区人民不甚了解白求恩学校的性质，遂将其更名为白求恩医科（卫生）学校。"① 是时，北平、天津、保定等大中城市青年学生和知识分子纷纷涌入解放区求学。"为了提高学生的文化素质，学校决定除继续培养为部队选送的卫生人员外，在《晋察冀日报》上登载了招生广告，招收地方知识青年到校学习"②，编为军医第 15 期，于 1946 年 3 月入学。此次招生是自白校建立以来第一次大规模公开向地方招收知识青年③，"标志着学校建设开始进入了一个新的阶段"④，从干部学校发展成为医学教育类的专门学校。与同期在张家口办学的中国医科大学成为兄弟院校。两校教师常常相互兼课⑤，共享医用教学设备，共同建设新解放区及城市的医疗卫生事业。

1946 年 6 月，中国医大主体向东北进发，"原张家口医学院的全部人员和中国医大第 18 期、第 20 期的部分学员和少数教师留

---

① 关彦琦等 . 白求恩学校在晋察冀首府张家口市办学的价值考量 [J]. 河北北方学院学报（社科学版），2020（2）：42-45.
② 王谦 . 晋察冀边区教育资料选编（干部教育分册）（上）[M]. 石家庄：河北教育出版社，1990：290.
③ 皇甫束玉等 . 中国革命根据地教育纪事（1927.8—1949.9）[M]. 北京：教育科学出版社，1989：309.
④ 王谦 . 晋察冀边区教育资料选编（干部教育分册）（上）[M]. 石家庄：河北教育出版社，1990：290.
⑤ 根据 1946 年 3 月制定的《中国医科大学在张家口教职员简历统计表》（中国人民解放军档案馆藏），白校校长张文奇等均为中国医科大学的兼课教师。

张家口，与白求恩医科学校合并，组建为白求恩医科大学"①，殷希彭兼任白求恩医科大学（以下简称白求恩医大）校长，姜齐贤兼任政委，耿毓桂任副政委，张文奇和陈淇园分别担任正、副教育长。原中国医大附属医院改为白求恩医大附属医院。"原白求恩学校附属医院仍留原地改名为和平医院一分院"②。白求恩医大正式成立后，办学规模扩大，教学力量增强，教学设备进一步完善。在校学员共有军医 9 个期，原白校 4 个期，原张家口医学院 5 个期，另有新招收的护士 2 个期。此时，白求恩医大开始了在城市稳定正规化办学的尝试，建立和健全了学校的机构设置，在学校办公室领导下，设立教务处、总务处、政治处、附属医院等，学校学生还选举产生校学生会。为加强学校建设，提高教学和管理水平，白求恩医大在总结过去办学经验的基础上，制定了各项规章制度，明确了学校各类人员的工作职责，对学校的教学、实验室、升留级、奖惩和生活管理等，都做出了具体规定③。其间，白求恩医大吸收的"新教师约占教师总数的 60％，新学员占学员总数的

---

① 高恩显.中国人民解放军第四野战军卫生工作史（1945.8—1950.5）[M].北京：人民军医出版社，2000：356.

② 白求恩军医学院院史编委会.白求恩的足迹在这里延伸：白求恩军医学院发展史[M].北京：解放军文艺出版社，1999：43.

③ 王谦.晋察冀边区教育资料选编（干部教育分册）（上）[M].石家庄：河北教育出版社，1990：291.

66%，还有一批日本籍教师"①。由于报考人数众多，白求恩医大不得不在《晋察冀日报》发布停止招生信息。

1946 年 6 月，全面内战爆发，国民党军向晋察冀边区发起全面进攻，白求恩医大师生在国民党飞机不断空袭骚扰的情况下仍坚持工作和学习。在外籍教师傅莱主持下，学校研制了战伤急需的外用盘尼西林，并做成大量敷料送到前方。随着战事的扩大，军医第 13 期和第 14 期学员暂时中断在校学习，全部调出支援解放战争，附属医院也扩大了收容量，积极收治伤员。不久，外科教员和高年级学员组成的战地手术组亦开赴前方参加救治工作。学员们在血与火的实践中得到了锻炼，很多人成为解放战争时期的军医骨干。1946 年 9 月，白求恩医大奉命迁回唐县老根据地。全校师生从张家口市乘火车到沙城，又步行到拒马河畔的板城整顿月余，于 10 月底回到老根据地唐县葛公村。②

5. 内蒙古军政学院

内蒙古军政学院是内蒙古自治运动联合会于 1945 年 12 月在张家口创办的具有高等教育性质的短期训练班。抗战胜利后，根据"向南防御、向北发展、力争热察绥全境"的战略方针，晋察冀中央局密切关注内蒙古地区的形势发展。1945 年 11 月 8 日，晋

---

① 白求恩军医学院院史编委会.白求恩的足迹在这里延伸：白求恩医学院发展史 [M]. 北京：解放军文艺出版社，1999：44.

② 关彦琦等.白求恩学校在晋察冀首府张家口市办学的价值考量 [J]. 河北北方学院学报 （社科学版），2020（2）：42-45.

察冀中央局致电中共中央"决定内蒙（古）的政权，成立一个群众团体，名为内蒙古自治运动联合会，带有政府的咨询机关性质"①。中共中央复电同意。1945 年 11 月内蒙古自治运动联合会在张家口成立，并召开第一次代表大会。乌兰夫在《联合会对目前工作方针的意见》中提出："在文化教育上……在目前，应当创办一所内蒙古学院和工作人员短期培训班。"②随着各地来张家口的蒙古族青年日多，各盟旗又急需新的干部去开展工作，联合会决定设立内蒙古军政学院，乌兰夫担任院长。

1946 年 1 月，内蒙古军政学院正式开学。此前，《晋察冀日报》发布了学院成立的消息和招生简章，并在张家口新华广播电台对学院进行了详细介绍，对学院的基本情况、入学条件、招考方式等作了说明。学院以"培养实现内蒙古自治运动联合会纲领的军事政治干部与行政干部为宗旨"③，分设行政部、军事部和中学部三个部，下设教育长、教务处、院务处等教职岗位或管理机构。"晋察冀中央局派朱荣任学院教育长、齐永存任教务处长"④。学院以"发扬蒙古人民的优良传统，培养民主的革命思想，提高政治

① 内蒙古自治区地方志编纂委员.内蒙古自治区志·政府志 [M].北京：方志出版社，2001：170-171.

② 内蒙古自治运动联合会目前工作的方针（1945 年 11 月 27 日）[A].乌兰夫文选（上）[M].北京：中央文献出版社，1999：6.

③ 内蒙古军政学院招生启事 [N].晋察冀日报，1945-12-20（4）.

④ 贾巨才，郎琦.晋察冀边区首府张家口教育事业研究 [M].北京：红旗出版社，2015：174.

认识及工作能力"[1]为教育方针，开设"国内政治、国际政治、社会科学常识、新民主主义论、论联合政府、蒙文、内蒙社会常识、蒙古民族问题、内蒙革命运动史、蒙地工作问题（工作方法）"[2]等课程。在教学方面，学院注重将理论与实际相结合，除理论学习之外，还重视实际教育和实际锻炼，定期开展卫生劳动教育，还经常组织学生参加社会公益活动。在教育方法上，学院主要"采取说服教育和奖励模范的办法"[3]，注重运用批评与自我批评的方式。为了提高学生参与政治活动的积极性，提升自我管理的能力，学院设有学生自治会，通过民主选举产生组织成员，通过开展丰富多彩的活动，提高学生的民主意识和活动能力。

"1946年9月，在国民党军队的疯狂进攻下，内蒙古军政学院撤离了晋察冀边区。至此，学院共办5期，累计培训学员500多名，多数被分配到锡察和绥东地区参加当地的解放战争和自治运动。"[4]其余学员及教职员北撤至昭乌达盟林东，与先期转移到这里的内蒙古自治学院合并，以内蒙古自治学院为校名，合并后的

---

① 《中国教育事典》编委会.中国教育事典·高等教育卷[M].石家庄：河北教育出版社，1994：794.

② 《中国教育事典》编委会.中国教育事典·高等教育卷[M].石家庄：河北教育出版社，1994：794.

③ 《中国教育事典》编委会.中国教育事典·高等教育卷[M].石家庄：河北教育出版社，1994：794.

④ 张金辉等.内蒙古军政学院探析[J].河北北方学院学报（社会科学版），2018（4）：65-68.

内蒙古自治学院又几经合改，发展成为现今的内蒙古师范大学。

6. 晋察冀军政干部学校

1946 年 2 月，晋察冀军政干部学校在张家口建立，这是一所具有高等教育性质的干部学校。该校沿用抗战期间晋察冀边区创建的"晋察冀军政干部学校"的校名，且两校有深厚的历史渊源。1937 年 11 月，晋察冀军区于河北省阜平县创办了晋察冀军政干部学校，孙毅任校长。1939 年 12 月，该校并入抗大二分校。1943 年 1 月，抗大二分校主体迁回延安，余下部分教师与学员及原校部编入抗大二分校陆军中学[①]，后陆军中学也调回陕北编入抗大总校第二大队。

1946 年 2 月，鉴于晋察冀边区急需大量军政干部，"经请示党中央批准，以原抗大二分校陆军中学编成的抗大总校第二大队为基础"[②]，在张家口组建成立晋察冀军政干部学校。中央军委任命聂荣臻兼任校长和政治委员，调军区政治部主任朱良才[③]任党委书记兼副校长、副政治委员，以"训练晋察冀军区部队的各级干部和军官，培训地方县以下干部及新参军的知识青年"为主要任务，训练时间为期 3 个月，每期招收新生 2000 名。1946 年 6 月，根据

---

① 抗日军政大学二分校陆军中学于 1942 年 2 月在冀西成立，唐子安（后李钟奇）任总队长。[皇甫束玉等.中国革命根据地教育纪事（1927.8—1949.9）[M].北京：教育科学出版社，1989：220.]

② 陆军参谋学院院史编辑委员会.向前向前的光辉历程[M].北京：解放军出版社，1998：38.

③ 朱良才（1900—1989），湖南省汝城县人，1927 年加入中国共产党。新中国成立后，曾任华北军政大学政委、华北军区副政委兼政治部主任、北京军区政委等职。

国共谈判的相关协议规定，计划建成一所中美合办的陆军军官学校，晋察冀军政干部学校改编为"张家口陆军军官学校"，后因国民党反动政府发动全面内战，计划取消①。1946年10月，学校撤离张家口，先迁至察哈尔省蔚县（现河北省蔚县）暖泉镇，后又迁至原抗大二分校驻地——河北省灵寿县陈庄地区，继续办学。

晋察冀军政干校培养了众多优秀的军政干部，撤离张家口前，晋察冀军政干校第一期学员完成训练。学员包括杨得志、苏振华领导的"杨苏纵队"的一批营团干部②，这些干部在战斗中发挥中坚作用，为解放区的巩固和发展以及军队的建设作出了重要贡献。

7. 晋察冀行政干部学校

抗战胜利后，晋察冀边区的辖区范围扩大，解放的城市（主要是县城）数量增加，迫切需要培养大量行政干部参与城市的接管与建设工作。根据现实情况，1946年4月，晋察冀边区在张家口创办晋察冀行政干部学校，为边区建设培养行政干部。边区政府政治处长柯庆施③兼任校长，原华北联大总务长狄子才任副校长，校址设在大境门外正沟街。晋察冀边区行政干部学校在《晋

---

① 张金辉. 晋察冀解放区高等教育研究（1937—1949）[M]. 北京：中国言实出版社，2018：206.

② 张金辉. 晋察冀解放区高等教育研究（1937—1949）[M]. 北京：中国言实出版社，2018：207.

③ 柯庆施（1902—1965），安徽歙县人，1922年加入中国共产党。新中国成立后，曾任南京市市长、江苏省委书记、上海市委第一书记兼南京军区政治委员、中共华东局第一书记、国务院副总理等职。

察冀日报》上发布招生广告，以"培养普通行政、财经、教育各种人才，为新中国的和平民主建设事业服务"①为办学宗旨，招收初中毕业以上，或具有同等文化程度的，年龄在 18 岁以上的青年入学。该校"属于我党为吸收干部而创办的、以学习政治理论政策为主、短期训练班性质的干部学校"②，培训时间为 6 个月。

在张家口办学期间，学校共招收 4 期学员，分为 4 个班，共计有 200 多人。学员多数是青年，只有少数三四十岁的，来自全国各省。除了解放区的学员外，还有来自蒋管区的……学员的来源不同，文化程度也不同。有新老解放区的县区村干部，有妇女工作者，还有公安干警。从蒋管区来的有职员、店员、工人、学生，以学生居多数。文化程度上有留学日本的归国学生、大学毕业生，高初中毕业生、小学毕业生，有粗通文字的。③学校在课程方面，重视基础理论、政策理论研究、时事报告等类的课程，开设中国近代史、现代史、苏联历史、土地政策专题研究等，还经常邀请晋察冀边区领导干部作报告。边区政府的政治处长柯庆施（兼校长）、教育处长刘皪风、实业处长南汉辰等均定期为学员作

① 晋察冀边区行政干部学校招生广告 [N]. 晋察冀日报，1946-3-22（4）.

② 中共中央组织部知识分子工作办公室等. 知识分子政策文件汇编（1983—1988）[M]. 沈阳：辽宁大学出版社，1989：898.

③ 王谦. 晋察冀边区教育资料选编（回忆录分册）[M]. 石家庄：河北教育出版社，1990：299.

相关业务报告①。另外，学校还邀请各界知名人士、专家学者等作专题报告，"如华北联大的于力教授和边区宋劭文主任在开学典礼上讲过话，交际处的徐处长作过'西安事变'的专题报告，美国朋友李敦白作中原解放区战争情况的报告"②。在教学方面，学校注重理论知识的运用，重视在实践中锻炼和提高学生的工作能力。除了理论学习外，学校将学生分成小组，开展读报活动、思想总结和各种评比活动等，"各小组有学习墙报，各班有大墙报，发表学员学习心得、经验体会和文艺创作。学校有个小报，是教导处主办的"③。通过开展丰富多样的学习活动，学员们不仅锻炼了实际工作能力，还巩固了理论知识，获得很好的学习效果。

1946年9月，晋察冀边区行政干部学校撤离张家口，1至3班学员毕业分配工作，4班和校部教职员工向老解放区转移，10月左右抵达河北省阜平县。在阜平县北水峪、南水峪两村继续办学。4班学员在南水峪村，校部设在北水峪村，继续开班招生。

总之，自1946年初至1946年10月晋察冀边区党政军群机构撤出张家口市，经过短暂的恢复和重建，晋察冀边区的高等教育开始进行城市内稳定正规化办学的探索，力图建立一种"新型正

---

① 王谦.晋察冀边区教育资料选编（回忆录分册）[M].石家庄：河北教育出版社，1990：300.

② 王谦.晋察冀边区教育资料选编（回忆录分册）[M].石家庄：河北教育出版社，1990：300.

③ 王谦.晋察冀边区教育资料选编（回忆录分册）[M].石家庄：河北教育出版社，1990：300.

规化"的高等教育。晋察冀边区各高校或具有高等教育性质的干部学校，不仅注重量的扩大，而且还根据具体情况调整和改革课程与教学，加强管理，开展丰富多样的教学活动，提高教学质量和水平。虽然办学活动因战火而被迫中断，却是在城市中进行稳定正规化办学的一次尝试。

综上所述，抗战胜利后至1946年10月，晋察冀边区进入城市开展高等教育建设后，通过重建、扩建、新建高等学校或具有高等教育性质的干部学校，以及增设院系和增开专业等方式，迅速扩大了高等学校的办学规模。同时，对各高等学校的课程与教学也进行了相应调整，实现由战时教育向平时教育过渡、由教育为抗日战争服务向教育为国家建设服务转变。各高校普遍坚持理论与实际相结合，教学与生活和生产劳动相结合，一切从解放区建设的实际需要出发，经常组织学员参与张家口的城市建设、文化宣传、群众教育等工作，在具体的工作实践中提高学员的实际工作能力。例如，华北联大开展过支援东北民主联军运动，自发向东北民主联军捐款捐物[1]，还组织学生参加市政建设，经常在市内宣传动员民众，参加争取和平民主的各项工作[2]，以及参与疏浚挖修西沙河的工程。为了加强学员的政治思想教育，各高校普遍

<hr>

① 慰劳东北民主联军联大同学捐出金器全校师生捐款达三十万[N].晋察冀日报，1946-6-14（2）.
② 人民的大学：华北联大介绍[M].苏州：苏南新华书店，1949：6.

调整了课程设置，对思想政治课程、文化课程和专业技术课程等的比例进行了调整。根据实际情况，有的学校政治课占比较高，华北联大政治课的比重约为 30%[①]，还经常开设各类时事讲座，一些具有高等教育性质的干部学校亦是如此。而中国医大、白求恩医大、晋察冀工专等，更注重在实践中加强思想政治工作，例如，组织慰问团、工作队和服务队，到前线进行慰问和服务。经过一年多的发展，晋察冀边区"新型正规化"高等教育体系初见端倪，并且经过短暂的探索和尝试之后，其效果逐渐显现。但是，由于国民党政府发动全面内战，"新型正规化"高等教育的探索不得不中止，转而再次恢复为战时教育。然而，此次晋察冀边区各高校在城市内稳定正规化办学的探索，为新中国成立后的"新型正规化"高等教育的建立与发展积累了宝贵经验。

三、解放战争时期：恢复与迅速发展

1946 年 6 月，国民党军大举进攻中原解放区，全面内战爆发。9 月，国民党傅作义部进攻张北，直逼张家口。晋察冀边区的各大中院校和机关团体迅速疏散，各主要高等学校迁出张家口，回到农村坚持办学。10 月 11 日，张家口失守。虽然晋察冀边区自 9 月

---

① 人民的大学：华北联大介绍 [M]. 苏州：苏南新华书店，1949：3.

就做了必要的疏散工作，但张家口失守也存在着主观失误，以致撤退仓促，损失不小①。边区部分高校在撤退过程中遭受了一定损失，加之一些城市学员不愿意跟赴老根据地，以至于发生一定的减员。面对张家口的失守，毛泽东同志发出《张家口失陷后晋察冀部队的作战方针》，以及《以自卫战争粉碎蒋介石的进攻》《集中兵力各个歼灭敌人》等指示，要求"不计较一城一地之得失，歼灭敌人的有生力量"，并称"一切反动派都是纸老虎"，号召全党树立打败以蒋介石为首的国民党反动派的决心和信心。根据中央精神指引，晋察冀边区的教育工作转入战时状态，教育与战争相联系。各高校的教学与管理进一步军事化、战斗化，为解放战争服务，战时高等教育迅速恢复，重振士气。毕业学员或踊跃参军参战，或开展各种战地服务工作，为解放战争和各解放区的建设，特别是各新解放城市的接管工作，输送了大量的干部和技术人才。1948 年 5 月，随着解放战争的发展，晋察冀与晋冀鲁豫两大解放区合并成立华北解放区。原晋察冀区域内的各高校适时整顿院系设置和资源配备，提出并制定了高等教育向正规化方向发展的要求和计划，促进了原晋察冀区域内高等教育的迅速发展与提高，成就了现今中国人民大学、北京理工大学、北京交通大学等众多高校的红色血脉。

---

① 郎琦 . 晋察冀边区城市接管与建设工作研究 [M]. 北京：中国言实出版社，2022：173.

（一）晋察冀边区战时高等教育快速恢复

张家口失守后，迁到农村的晋察冀边区各高等学校根据"一切为了战争，一切为了争取前线的胜利"的原则，开展时事政治教育和宣传动员工作，并为适应战争环境精减了学校人员、紧缩学校机构，还对学校的课程与教学等进行了相应的调整，边区高等教育出现一个短期收缩的局面。直至 1947 年，"在东北、晋察冀、晋冀鲁豫各区，人民解放区均向防守之敌发动了反攻"[①]，晋察冀边区高等教育的局面才得以扭转。1947 年 11 月，晋察冀野战军解放石门[②]，使晋察冀与晋冀鲁豫两大解放区连成一片。随着晋察冀反攻作战的推进，区域内的大中小城市相继解放，边区急需大批干部和技术人才。晋察冀边区更加强调干部教育的重要性和迫切性，要求各高校根据战争和解放区建设的需要，采取速成的办法培养革命干部和专业人才，战时高等教育快速恢复。同时，根据教育为战争服务的要求，以及配合土地改革运动，边区各高校广泛开展战争宣传动员工作，提高群众的阶级觉悟和认识水平，发动群众参加土地改革和解放战争，为实现全国的解放而奋斗。至 1948 年 5 月晋察冀边区建制撤销，除晋察冀军政干校、晋察冀

---

① 胡华. 中国新民主主义革命史 [M]. 北京：中国青年出版社，2009：233.
② 即石家庄市，时名石门市。1947 年 12 月 26 日，经晋察冀边区行政委员会同意，石门市改名石家庄市。[河北省地名办公室. 河北省地名志（石家庄市分册）[M]. 河北省地名办公室，1984：310–311.]

行政干校等完全转变为短期训练的干部学校外，华北联大、晋察冀工业专门学校（含铁路学院）以及白求恩医大，作为晋察冀边区高等教育的火种，一直奋斗在这片大地上。

1. 华北联合大学

随着国民党军的炮火逼近张家口市，华北联大陆续从张家口疏散，先是撤至广灵县西加斗村复课。此前，根据中共中央《关于土地问题的指示》，华北联大还曾组织了土改工作队，深入到平绥路沿线和洋河两岸的农村进行土改宣教工作。是时，各路土改工作队陆续与校部会合。在西加斗村，华北联大校部与各地土改工作队进行各项工作总结。为适应战争环境，学校恢复战时状态，对学校的院系设置、学习期限等进行了调整。法政学院学员和教育学院部分学员提前分配工作。法政学院改为政治学院，撤销政法系和财政经济系，以短期训练班为主，政治班并入政治学院。教育学院国文系和文艺学院新闻系、舞蹈系被撤销。

1946 年 10 月，华北联大奉命继续向冀中转移，转移过程中为了保密，学校改名为"平原宣教团"，校部改称团部，各学院改名中队，恢复战时建制体系，并坚持在转移过程中恢复"背起背包行军，放下背包学习"的战时教育传统。华北联大开展了时事政治教育，学习《解放日报》社论文章，开展长期对敌艰苦斗争的思想工作，成仿吾校长亲自为学生作形势报告。11 月中下旬，华北联大抵达束鹿县，分散进驻大李家庄、小李家庄和常家屯村等地，经短暂安顿后，迅速复课。此间，受冀中区党委委托，学校增设文化班、乡艺班和中年知识分子班，帮助驻地培训干部[1]。为服务解放战争和土地改革运动，华北联大不仅组织学员参军参战，发起"百人参军运动"，还组织成立文艺宣传队，并再次成立多支土改工作队，到各地演出，宣传土改政策，并深入农村，帮助农民开展土地改革，极大地调动了解放区群众参军参战的积极性。

1947 年初，华北联大召开教育工作会议，在总结过去一年多办学经验的基础上，提出加强教材建设、师资培养，为向正规化教育过渡做准备，并决定成立专门研究室。5 月，延安平剧研究院并入华北联大，改称华北联大平剧研究院。为了建立健全学校的机构，按照中央青委建立青年团试点工作的安排，9 月，华北联大按照系、班建立了青年组织。12 月，学校对外公开了党组织，积极为向新型正规化高等学校发展做准备。石家庄市解放后，华北地区成为较为稳定的解放区。1948 年 2 月，华北联大奉命从束鹿县农村迁往正定办学，校部驻正定县城民主街。结束任务的各学院农村土改工作队，陆续向新办学地点正定集中，开始在正定进行稳定正规化办学。此时，全校教职学员共千余人。[2]

---

① 中国人民大学校史研究丛书编委会．中国人民大学纪事（1937—2007）[M]．北京：中国人民大学出版社，2007：56.
② 张金辉．晋察冀解放区高等教育研究（1937—1949）[M]．北京：中国言实出版社，2018：126.

2. 晋察冀边区工业专门学校

国民党傅作义部向张北发起进攻之时，晋察冀边区工业专门学校即向蔚县转移。学校抽调"部分同志组成运输队，负责学校图书、仪器、设备和生活物资的转移工作。1946 年 9 月晚，学校撤出张家口市"①。撤离前，部分学员毕业分配工作。例如，"黄鲁（黄毅诚）、杨国福、戚元靖等到宣化钢铁公司新化机械厂；李鹏去东北；彭士禄、杜干辉等到新华冶炼公司；兰英、黄明、龚明基等到灵丘县长寨村沈鸿同志领导的雁北机械工作室工作；蔡毅、刘毅到地矿研究所工作"②。

撤离过程中，学校恢复战时状态，采取军事化编制，全校教职学员都编为行军队伍，每班编为一队，由原来的班长担任队长，全校行军队伍由时任教导处处长的王甲纲负责。为了顺利完成转移任务，先派出一个先遣队，探察行军路线，并为大部队安排食宿等后勤保障工作。几天后，全校教职学员到达蔚县暖泉镇，"经过四五天休整，就由战时行军状态转入和平办学状态"③，准备在暖泉做长期驻扎、建校办学。后因战争形势恶化，学校再次向老解放区转移，于 11 月初抵达河北省建屏县④柏岭村继续办学。学校

---

① 杨红彬 . 培养工业技术干部的摇篮：晋察冀边区工业专门学校 [J]. 党史博采，2011（11）：49–51.

② 郑焱 . 沐浴夕阳 [M]. 北京：北京理工大学出版社，2009：270.

③ 郑焱 . 沐浴夕阳 [M]. 北京：北京理工大学出版社，2009：270.

④ 石家庄市平山县境内。1958 年，建屏县并入平山县。

"在此地经过全面整顿，重新组织，得以将学校由战时动荡状态转为正常教学活动。一面学习，一面生产，半工半读。师生团结一致，度过了最为艰苦、最为困难的时期"①。

为加强专门技术人才的培养，整合工学教育优势资源，1947年1月，晋察冀边区政府决定，将晋察冀边区工业专门学校与晋察冀边区铁路学院合并，成立晋察冀边区工业交通学院，培养工业和交通运输的专门人才。原铁路学院为晋察冀边区工业交通学院的普通科②，"原'工专'改为该院的预科。干部也有所调整，原'工专'师生员工的建制均未变动"③。1947年11月，石家庄解放，周边的工矿企业回归人民怀抱，急需大批工业技术干部和人才参与接管工作。经晋察冀边区行政委员会决定，将预科（原晋察冀工专）由柏岭村迁至井陉县煤矿老矿区办学，并改名为"晋察冀边区工业学校"④。普通科（原铁路学院）则迁入石家庄办学，定名为"华北交通学院"。晋察冀工业学校在井陉扩大办学规模，建立健全机构设置，开设干部班和普通班，帮助煤矿训练工人，教育工作逐渐向正规化方向发展。

---

① 郑焱. 沐浴夕阳 [M]. 北京：北京理工大学出版社，2009：271.
② 张金辉. 晋察冀解放区高等教育研究（1937—1949）[M]. 北京：中国言实出版社，2018：232-233.
③ 郑焱. 沐浴夕阳 [M]. 北京：北京理工大学出版社，2009：271.
④ 杨海等. 学史明志 [M]. 北京：北京理工大学出版社，2013：64.

3. 白求恩医科大学

全面内战爆发后，白求恩医科大学即召开支援解放战争的动员大会，全校教职学员主动献血献物。军医期部分学员暂时中断学习，全部调出学校支援前线。学校还派出一支由外科教员和高年级学员组成的战地手术队，开赴解放战争前线，参加战地医疗救护工作。附属医院也扩大了收容量，积极收治伤员。在傅莱主持下，利用美国援华委员会寄来的青霉素菌种和部分资料，成功自制了粗制盘尼西林的外伤敷料，大批送往前线战场，缓和了我军缺乏急需外伤用药的困难，有力支援了解放战争。

1946 年 9 月 18 日，白求恩医大奉命撤离张家口市，于 10 月底回到学校老驻地唐县葛公村。经过短暂的修整和准备，11 月正式复课。由于处于战争状态且农村办学条件有限，白求恩医大迅速恢复战时状态，还根据战争的需要及时调整了学校的课程教学和学制安排：缩短了在校的原 4 年制和 2 年制的军医班的学习时间，减少了基础课的课时，增加临床课的教学内容和课时，编写的教材更加精练，筛选了教学内容并采取更加通俗的文字表述。同时，改进教学方法，强调"教学一致""学用一致"，采取直观形象的实物教学法。还开办了军医短训班、化验班、牙科训练班、防疫训练班、妇婴卫生训练班等短期训练班，学制 6 个月至 12 个月。① 通过以上措施，白求恩医大快速培养了大量部队急需的医务人员，"据不完全统计，从解放战争开始到 1948 年初，先后有医生、护士、调剂等各类卫生干部 472 名从学校毕业走上工作岗位，有力地支援了解放战争"②。

1947 年 7 月，白求恩医大公开了学校党的组织，并召开党员大会，总结讨论了学校的教学工作和政治工作，选举产生了学校党委，耿毓桂③ 当选党委书记，刘敏为党委副书记，加强了党对学校工作的领导。8 月，为了加强教育的正规化建设，晋察冀军区决定将各地卫生学校并入白求恩医科大学，改为医大分校。10 月，《中国土地法大纲》公布，白求恩医科大根据相关要求和指示，停课三个月，全体教职学员参加土地改革。在党委领导下，学校师生开展了"三查"（查阶级、查工作、查斗志）、"三整"（整顿思想、整顿组织、整顿作风）运动，整顿了全校师生的思想、作风，提高了全校师生的阶级觉悟和政治认识。④

随着石家庄解放，晋察冀边区的战争形势从根本上向好发展。

---

① 张金辉. 晋察冀解放区高等教育研究（1937—1949）[M]. 北京：中国言实出版社，2018：227-228.

② 王谦. 晋察冀边区教育资料选编（干部教育分册）（上）[M]. 石家庄：河北教育出版社，1990：293.

③ 耿毓桂（1919—2006），河北省阜平县人，1937 年参加八路军，同年加入中国共产党。新中国成立后曾任总后勤部第一军医大学政治委员、总后勤部技术装备研究院副院长等职。

④ 张金辉. 晋察冀解放区高等教育研究（1937—1949）[M]. 北京：中国言实出版社，2018：227-228.

1948 年 3 月，白求恩医大奉命从唐县葛公村迁至石家庄北面的杜北和陈村，做好进入城市的准备。为统一办学力量，晋察冀军区将冀中卫校和 2、3、4 纵队随营学校卫生干部训练队并入白求恩医大，发展为 4 个学员大队。经过多次整合与扩大招生等，白求恩医科大学已极具规模，继续朝着正规化方向发展。

总之，自晋察冀边区各高校撤出张家口市至 1948 年 5 月华北解放区成立，晋察冀边区经历了激烈的战火洗礼，教育工作进入战时状态。"各级各类教育的首要任务是为了战争，服务战争，这就要求学校的教学工作、学校管理工作，全部转入到战时的轨道上来，实行军事化、战斗化的管理体制"[①]。各高等学校不仅开展了时事政治教育，深刻揭露了国民党反动派的本质，帮助学生树立与国民党反动派斗争到底的决心，而且按照晋察冀边区行政委员会发出的"一切工作围绕战争进行并为战争服务"[②]的指示，深入到农村，开展宣传和教育工作，激发青壮年参军参战，帮助解放区群众提高阶级觉悟和思想认识，为解放战争的最终胜利贡献了力量。

（二）原晋察冀高等教育的整顿与提升

随着解放战争的发展，华北地区大中城市相继解放，晋察冀

---

① 曹剑英等 . 晋察冀边区教育史 [M]. 石家庄：河北教育出版社，1995：294.
② 曹剑英等 . 晋察冀边区教育史 [M]. 石家庄：河北教育出版社，1995：295.

和晋冀鲁豫两个解放区连成一片。中共中央决定将晋察冀和晋冀鲁豫两个解放区合并为华北解放区。1948 年 5 月,华北解放区正式成立。8 月,华北临时人民代表大会在石家庄召开。宋劭文在介绍晋察冀文教工作时,对华北联大、白求恩医大和工业交通学院等进行了介绍,提出了"健全教育机构;统一规定学校的方针以及学制、课程;培养师资和适当提高教师的待遇"[①] 等尚待解决的问题。薄一波在《关于华北人民政府施政方针》的报告中指出:"华北解放区⋯⋯担负着支援大规模解放战争和发展新式的工矿交通事业的重担。因此就不能不努力发展和提高文化教育工作,应按照必要与可能,建立各种正规教育制度⋯⋯应当办好各种专业干部学校和华北大学,培养技术人才和高级知识分子"[②]。

根据解放战争的实际需要和华北解放区高等教育的现实情况,华北人民政府开始对两大解放区原主要高校进行整顿和调整,将同类别的学校进行了合并与重组,也建立了一批新的高校。

1. 华北联大 —— 华北大学

为了集中力量扩大办学规模,从而为全国解放和建设培养干部,1948 年 5 月,中共中央决定将华北联大与北方大学合并,成立华北大学,由华北局直接领导。6 月,根据中共中央的部署,成

---

① 姚宏杰,宋荐戈.中国革命根据地教育史事日志 [M].济南:山东教育出版社,2020:613.

② 姚宏杰,宋荐戈.中国革命根据地教育史事日志 [M].济南:山东教育出版社,2020:614.

仿吾校长在华北联大教职员工会议上传达了党中央的合校决定，并要求做好迎接北方大学师生的准备。7月，北方大学师生共计1500多名，来到华北联合大学驻地，为合校做准备。8月24日至27日，华北大学在原华北联大校址（石家庄市正定县城）举行隆重开学典礼。"华北大学以培养为新民主主义社会服务的政治、经济、文化、教育等方面的工作干部为目的，以马列主义理论和毛泽东思想为总的教育方针"[①]，"吸收国民党区的大学生和高中学生……培养他们成为新中国各方面的建设干部"[②]。同时，华北大学建立健全了学校的机构组织，完善了学校的各项管理制度，对学校的课程与教学进行了改革，进一步向正规化方向发展。

在机构设置方面，华北大学融合了华北联大的全部院系和北方大学的大部分院系，形成了一个较为庞大的机构体系。在校部设置了秘书处、教务处和总务处，还附设一个图书馆，由教务处领导。学校还分设了教学组织和科研组织两类机构。学校办学层次、规模全面提升，体现了稳定正规化办学的进一步发展，"新型正规化"高等教育初步建立。在课程与教学方面，学校汲取以往办学经验，设置公共课和专业课两类课程，重视思想政治教育，"除专业课外，各部、院的共同必修课程为社会发展史、辩证唯

---

① 中国人民大学校史研究丛书编委会 . 中国人民大学纪事（1937—2007）[M]. 北京：中国人民大学出版社，2007：77.

② 王谦 . 晋察冀边区教育资料选编（干部教育分册）（上）[M]. 石家庄：河北教育出版社，1990：184.

物主义与历史唯物论、新民主主义论、中国革命史等"①。同时学校加强专业课程设置，以往因战争原因设置的军事课程和军事训练改为体育课。理论课程和实践教学相结合，学员大都先入工学团，边学习边实践，然后再转入各系学习。在教学方面，以讲授、自学辅导、集体互助、理论与实践联系为主要方法。在管理方面，学校实行校长负责制，建立校务会议作为学校最高行政会议，校务指导委员会作为学校领导的咨询机构。学校生活实行集体化、纪律化，继续重视教育与实际联系、教育与生产劳动结合。

解放战争后期，由于办学环境趋于稳定，为满足全国胜利后国家建设对各类人才的需求，华北大学办学规模持续发展壮大，在后续的发展中也演化出众多著名高等学校、文艺团体或研究机构。原华北联大平剧研究院②于1948年7月分设为华北平剧研究院，"1949年北平解放后，华北平剧研究院迁往北平。中华人民共和国成立后，成为文化部戏曲改进局京剧研究院的组成部分之一"③，后发展为中国国家京剧院。1948年6月，原华北联大外语

---

① 中国人民大学校史研究丛书编委会.中国人民大学纪事（1937—2007）[M].北京：中国人民大学出版社，2007：77.
② 1947年5月，延安平剧（京剧）研究院来到冀中，划归华北联大领导，对外称平原宣教团六一中队.［中国人民大学校史研究丛书编委会.中国人民大学纪事（1937—2007）[M].北京：中国人民大学出版社，2007：58.］
③ 北京艺术研究所等.中国京剧史（中卷·上）[M].北京：中国戏剧出版社，1999：1110.

学院英文系师生，在院长浦化人领导下创办（中央）外事学校[①]。1949 年北平解放后，华北大学二部（教育学院）外语系与中央外事学校合并成立北京外国语学校，后发展为北京外国语大学。以华北大学三部（文艺学院）为基础，成立中央戏剧学院[②]。华北大学工学院于 1949 年 8 月迁入北平后独立建校，后发展为北京理工大学。此外，华北大学各系接管了诸多城市高校，成为新中国高等教育的红色源头，被誉为"新中国高等教育的摇篮"[③]。同时，华北大学诸多教师也调出学校，参加到全国各行各业的建设工作中，成为各条战线中的骨干力量。为表彰学校对中国高等教育和国家建设的重大贡献，开国大典时华北大学成为唯一被允许通过金水桥主桥经过天安门的高校游行队伍。1949 年 12 月，中共中央政治局作出以华北大学为基础成立"中国人民大学"的决定。1950 年 10 月，中国人民大学举行隆重开学典礼，《人民日报》报道称其为"新中国的第一个新型正规大学"[④]。

2. 晋察冀边区工业学校——华北大学工学院

1947 年底，晋察冀工业交通学院预科班（原晋察冀工业专门

---

① 主要是培养翻译人才和外事干部的，由中央外事组直接领导，由华北军政大学负责其日常管理和后勤供给等，校址设在获鹿县（现石家庄市鹿泉区）。[吕才 . 北京外国语大学组织史（1941.3—2001.3）[M]. 北京：北京燕山出版社，2003：50.]

② 贾冀川 .20 世纪中国现代戏剧教育史稿 [M]. 北京：中国戏剧出版社，2006：140.

③ 华北大学：新中国高等教育的摇篮 [N]. 燕赵晚报，2014-10-08（A4）.

④ 新中国的第一个新型正规大学　中国人民大学举行开学典礼 [N]. 人民日报，1950-10-4（1）.

学校）迁至河北井陉办学，改名为晋察冀边区工业学校。1948 年
9 月，在晋察冀和晋冀鲁豫两大解放区合并的过程中，晋察冀边区
工业学校与迁至井陉的晋冀鲁豫边区的北方大学工学院合并，成
立华北大学工学院。华北大学工学院"为独立学院，与华北大学
保持横向联系"[①]。原晋察冀军区工业部部长刘再生任院长（后为恽
子强），曾毅任副院长，院设秘书室、教务处、总务科。

　　"华北大学工学院作为中国共产党创办的新型工业大学，面临
着为夺取国家政权和建设新中国培养人才及把老区办学传统发扬
光大的双重任务。"[②]合并后的工学院响应党中央"加速人才培养，
迎接全国解放"的号召，一面扩大招生，一面加快正规化办学。
合并初期，学校学生人数即扩大到 380 多人（后土木班转入交通
学院）。工学院以"具有高度革命意识的，忠于革命事业并具有马
列主义修养的工业干部和技术人才"[③]为培养目标，改短期训练为
长期培养，加强系统的理论学习。在课程与教学中，不断改革课
程内容，改进教学方法，注重科学内容的系统性、严密性，努力
提升教育质量的同时加快教育进度。同时，工学院转变了以往政

---

① 张金辉.晋察冀解放区高等教育研究（1937—1949）[M].北京：中国言实出版社，
　　2018：233.

② 校史编委会.培养科技干部的摇篮：北京理工大学发展史 [M].北京：北京理工大学
　　出版社，1990：59.

③ 校史编委会.培养科技干部的摇篮：北京理工大学发展史 [M].北京：北京理工大学
　　出版社，1990：60.

治学习的方法 ①：一是进行学习目的和学习动机教育，树立为人民服务的观念；二是进行端正学习态度的教育，要求学生脚踏实地、虚心好学、全面发展；三是加强纪律性和革命自觉性教育，克服极端民主化倾向；四是建立批评与自我批评的制度，开展自我检讨活动。通过这些政治学习方法，使学生的政治思想建设与自然科学研习的积极性得到双重提升。天津、北平解放后，工学院派出干部、学生参加了平津两大城市的接管工作，大部分留在了平津工作，少部分又转回工学院继续学业 ②。

　　1949 年 5 月，根据华北人民政府的命令，由工学院组成了中法大学接管小组进入中法大学。8 月，工学院第一批人员从井陉出发，乘火车经石家庄、德州、天津到北平，借用中法大学校址办学。"1949 年 10 月中央人民政府重工业部成立，华北大学工学院直属重工业部领导，成为新中国第一所部属高等院校。" ③ 不久，华北大学工学院设立了机器制造工程学、内燃机工程学、航空工程学、汽车工程学、电机制造工程学、化学工程学、钢铁冶金工程学等 7 个学制为五年的本科专业（一说还包括物理，共 8 个专业 ④），附设机械、电机、有色冶金、采矿专修科、俄文等 5 个专

① 校史编委会. 培养科技干部的摇篮：北京理工大学发展史 [M]. 北京：北京理工大学出版社，1990；61–62.

② 刘朝兰. 晋察冀边区工业专门学校史料 [M]. 北京理工大学出版社，1995；18–19.

③ 杨海等. 学史明志 [M]. 北京：北京理工大学出版社，2013；16.

④ 校史编委会. 培养科技干部的摇篮：北京理工大学发展史 [M]. 北京：北京理工大学出版社，1990；63.

修科①。后学校几经合改，更名为北京工业学院，1988年升格为北京理工大学。

3. 白求恩医科大学——华北医科大学

1948年5月，晋察冀与晋冀鲁豫两大解放区合并为华北解放区后，为进一步整合两地医学教育资源，根据中央指示，白求恩医科大学与原属晋冀鲁豫边区的北方大学医学院合并，在河北石家庄组建华北医科大学。华北军区卫生部副部长殷希彭兼任校长，耿毓桂任政委，张文奇任教育长，陈淇园、刘和乙任副教育长。附属医院仍命名为白求恩和平医院，李新农任院长。"合并后的华北医科大学在校学生增加到19个期，其中军医15个期，调剂2个期，还有2个文化期，学员共计1700余人。"②为发展医学教育工作，1948年9月，华北军区卫生部制定《关于医科大学教育与干部轮训规划草案》，提出"学校教育应以军医训练为主，另外再培养一部分普通医生，补充机关学校"③。草案规定，华北医大新生学制为一年半，设立医大预备班和预科，学习时间为一年，以照顾文化水平较低的在职干部。草案中还提出对在职卫生干部进行培养，要求提高技术轮训干部在实际工作中的水平，为全国胜利

---

① 杨海等.学史明志[M].北京：北京理工大学出版社，2013：16.

② 张金辉.晋察冀解放区高等教育研究（1937—1949）[M].北京：中国言实出版社，2018：230.

③ 王谦.晋察冀边区教育资料选编（教育方针政策分册）（下）[M].石家庄：河北教育出版社，1990：295.

后的卫生建设做好准备。

根据军区卫生部指示精神，华北医大重新制定了教育方案，调整了学制，修订了教学内容，改进了教学方法。为了加强临床教学和实习，华北医大重申和平医院的任务主要是配合教育，强调医院与学校的领导要统一，医院设备、收受病人、工作制度等都要以配合教学为原则。医院医生和学校教员要紧密配合、密切联系。同时，为了培养学员的实践技能和革命精神，学校还组织教师带领学员，到前线参加战地救护或到野战医院实习，把战场当课堂，在实际工作和战斗中促进学员进步。1949年，解放战争的局势发生了重大变化，华北军区在6月召开的卫生宣教会议上，提出卫生工作的任务应该由"一切围绕战争"向"一切围绕建设"转变，"卫生部门教育工作的任务是理论学习和技术提高，要改变以往'用什么学什么'的方针，'正规的系统的从头学起'"[①]。华北医大开始进一步探索稳定正规化办学的路径。7月，学校将在校的9个期分成内科、外科和五官科三个专业，开始实行专科重点制教育（即根据各专业的不同需求，在教学内容上有所侧重）。

新中国成立后，中央军委后勤部卫生部长贺诚和副部长傅连暲提议创办三所军医大学，包括华北医大、上海医大以及长春医

---

① 王谦．晋察冀边区教育资料选编（干部教育分册）（上）[M]．石家庄：河北教育出版社，1990：296.

大。毛泽东同志批复"照办"①。同时，贺诚的报告中提出华北医大迁址建议。"报告认为，该校现在石家庄，占用民房，群众意见甚多，应迁到北京或天津。其中第二项办法为迁至天津，与河北医学院合并，改为军医大学。"② 毛泽东批复"以第二项办法较妥"③。根据中央指示，华北医大迁往天津办学。因河北医学院拟从天津迁回保定办学，华北医大遂与天津陆军总医院合并组建天津军医大学，1951 年天津军医大学改称为解放军第一军医大学。1954年，解放军第一、第三军医大学合并为解放军第一军医大学后迁往长春，1958 年划归地方领导。该校后又经历了易名、合改，从长春医学院到吉林医科大学再到白求恩医科大学，最终演变为吉林大学白求恩医学部。

4. 晋察冀边区铁路学院——华北交通学院④

1946 年 10 月，国民党军进攻张家口，根据晋察冀中央局的统一部署，晋察冀铁路学院奉命撤离张家口，向冀西根据地转移。1947 年 1 月，晋察冀铁路学院与晋察冀工业专门学校在河北建屏

① 中共中央文献研究室，中国人民解放军军事科学院.建国以来毛泽东军事文稿（上）[M].北京：中央文献出版社，2010：77.

② 中共中央文献研究室，中国人民解放军军事科学院.建国以来毛泽东军事文稿（上）[M].北京：中央文献出版社，2010：77.

③ 中共中央文献研究室，中国人民解放军军事科学院.建国以来毛泽东军事文稿（上）[M].北京：中央文献出版社，2010：77.

④ 张金辉.晋察冀解放区高等教育研究（1937—1949）[M].北京：中国言实出版社，2018：233-234.

县柏岭村合并，成立晋察冀工业交通学院（一说张家口商科学校亦并入其中）。交通学院分为普通班和预科班，普通班基本为铁路学院的原班人马。边区政府任命黎亮为院长，侯薪和韩子毅先后任副院长，顾稀任教导主任。石家庄解放后，交通学院随即向石家庄进发，准备接管城市，大批干部和学生也分配到新解放区工作。

晋察冀工业交通学院在校领导与师生（即普通班）迁到石家庄，开始参与创办石家庄职工学校，顾稀任副校长。1948 年 8 月华北人民政府成立，9 月即决定成立由张国坚、顾稀为正副主任的"华北交通学院筹备处"，原职工学校工作人员全部参加筹备工作。11 月，华北人民政府成立了华北交通学院，同时，原晋冀鲁豫边区的北方大学工学院土木工程班并入华北交通学院。华北交通学院开办的宗旨是培养交通建设及管理人员，当时设有速成班、预科、本科等层次。华北交通学院的成立，为新中国成立前后接管北平铁路管理学院和唐山工学院奠定了重要基础。

北平解放后，"中央军委铁道部决定从华北交通学院选派干部对国立唐山工学院和北平铁道管理学院进行接管"[1]。为了做好接管准备工作，时任华北交通学院教务长顾稀专程到原国立唐山工学院驻地调查情况。此时，国立唐山工学院的大部分师生南迁至上海，后经多方协调，南迁上海的师生返回唐山复课。1949 年 3 月，顾

---

① 西南交通大学校友工作办公室.西南交通大学校友通讯（第 25 期）[M].成都：川新出内 2013（38 号），2013：93-96.

稀代表军委铁道部接管原国立唐山工学院的留唐部分,华北交通学院主体从石家庄迁入唐山工学院驻地。同时,华北交通学院院长陈武仲代表中央军委铁道部,在北平铁道管理学院举行接管大会,正式宣布对该校进行接管,华北交通学院部分人员入驻北平铁道管理学院。至此,华北交通学院一分为二,但建制依然存在。1949 年 7 月,中央军委铁道部发布部令:"兹决定唐山工学院、北平铁道管理学院、华北交通学院合并组成中国交通大学,分设工学院及管理学院。在校部机构人事令未发布前,工程学院及管理学院可分别筹备招生事宜。"[1] 华北交通学院现有学生分别编入唐山工学院或北平铁道管理学院,华北交通学院随之撤销。解放战争期间,华北交通学院培养了大批铁路技术人才,为抢修、管理华北铁路,为华北铁路军运、民运以及支援平津战役,作出了贡献。

此后,中国交通大学的工学院和管理学院分别在唐山和北京办学[2],修业年限分别为 3—5 年和 2—4 年,另设 1—2 年制的专科班和 2—3 年的中技班,以及一个短期训练班、一个研究生班和预科。新中国成立后,铁道部任命著名桥梁专家茅以升担任校长,顾稀任教育处处长。1950 年,中国交通大学改名北方交通大学。1952 年,北方交通大学校名撤销,唐山和北京两地的学校分别独

---

① 何云庵,李万青.焕实扬华 自强不息:从山海关北洋铁路官学堂到西南交通大学(下)[M].成都:西南交通大学出版社,2011:19.

②《北方交通大学志》编纂委员会.北方交通大学志[M].北京:中国铁道出版社,2001:900.

立，称北京铁道学院和唐山铁道学院。前者发展为北京交通大学，后者于 1972 年迁入四川，后更名为西南交通大学。

5. 晋察冀军政干部学校——华北军政大学

1946 年 10 月，张家口战事紧张，晋察冀军政干校奉命撤离市区。学校先迁至蔚县暖泉镇，后因国民党军傅作义部偷袭张家口，学校再次转移至河北省灵寿县陈庄地区（原抗大二分校驻地）继续办学。其间，根据中共中央土改运动的要求，晋察冀军政干校"在教学中坚持学以致用的方针，采取官教兵、兵教官、兵教兵、官教官的办法办学，并在 1947 年领导全校开展了以'三查''整风'，为主要内容的新式整军运动。保证了全校在思想上、组织上、作风上的纯洁"[①]。学校还组织了工作队，积极参加驻地各村的土地改革斗争。"四个随营学校每当部队打硬仗、打恶仗之时，他们既是干部学校，又是作战的一支突击队，使学校成为我军在华北地区培养干部的重要基地。"[②]

1948 年 6 月，华北解放区成立后，根据中共中央办"大军校"的指示，晋察冀军政干校、晋冀鲁豫军区军政大学等合并，组建华北军政大学，校址设在石家庄。"中央军委任命叶剑英同志担任校长兼政治委员，萧克同志为副校长，朱良才同志为副政委兼政治

---

① 陆军参谋学院院史编辑委员会. 向前向前的光辉历程 [M]. 北京：解放军出版社，1998：39.

② 陆军参谋学院院史编辑委员会. 向前向前的光辉历程 [M]. 北京：解放军出版社，1998：40.

部主任，李克如同志为政治部副主任，谭家述同志为教育长，薛子正同志为办公室主任，并以这 6 位同志组成学校党委会。"① 为加强管理，党委会首先对学校机构进行了调整，"学校下设政治、教务、校务 3 大部和校首长办公室，大部下面设二级部及处或科"②。华北军政大学的教育内容分军事和政治两大类，更加突出军事院校的专业特点。同时，考虑未来战争发展的需要，学校"当时还打算成立摩托化训练班，准备训练摩托化部队的指挥员，以适应战争发展的需要"③。至此，华北军政大学已成为正规的军事院校。

"华北军政大学的创办，标志着人民军队正规化建设开始进入了一个新的阶段，对于加速全国解放战争的进程，为促进人民解放军的建设都发挥了重要的作用，在人民解放军军事教育史上写下了光辉的一页。"④ 新中国成立后，华北军政大学先后改为华北陆军军官学校、华北高级步兵学校、解放军第六高级步兵学校、石家庄陆军指挥学院等，现成为解放军国防大学联合作战学院，隶属原总参谋部，是一所"军政指技参"同校合训的综合性中级指挥院校。

① 陶汉章 . 回忆与思考 [M]. 北京：国防大学出版社，2003：179.
② 中国人民解放军历史资料丛书编审委员会 . 院校·回忆史料 [M]. 北京：解放军出版社，1995：517.
③ 中国人民解放军历史资料丛书编审委员会 . 院校·回忆史料 [M]. 北京：解放军出版社，1995：519.
④ 西柏坡纪念馆 . 解读西柏坡 [M]. 北京：中央文献出版社，2004：136.

6. 晋察冀行政干部学校——华北职工学校

1946年9月，晋察冀行政干校根据边区政府统一部署，撤离张家口向老解放区转移，10月到达河北省阜平县，校部和4班（1—3班已于张家口办学期间毕业）的学员分别驻北水峪、南水峪两村，在农村坚持办学。1947年底，晋察冀行政干校迁至石家庄，先后改名为公教人员政治学校、建设学院、华北职工学校，主要任务是参加解放战争后期华北各大中城市的接管工作。

1949年1月，天津解放后，晋察冀行政干校迁至天津，改为华北职工干部学校，由原晋察冀行政干校校长狄子才任校长。华北职工干部学校在其招生简章中即强调学校"培养工业生产和职工运动骨干"，"骨干"入学时要具备一些基本的文化条件，"工人能粗读报纸，能写简单笔记，职员须具有初中以上文化程度"，且具有4年以上的工作经验。入学需要通过口试、笔试和体检，笔试内容包含政治常识、国文、算术。由此可见，学校的办学目标非常清晰，就是要将有一定文化基础的学员培养成工人队伍中的高素质人才[1]。这一时期，学校"设立了马列主义、政治经济学、中国工人运动史、国际工会运动、劳动经济、工会建设、劳动保护、工资、文化等9个教研室，开设的相关课程基本覆盖了工会

---

[1] 赵薇. 论劳动学院与中国劳动关系学院的校史渊源 [J]. 中国劳动关系学院学报，2023（5）：24-33.

工作中的核心问题，更加凸显了学校的专业特色"①。

1949 年 9 月，根据刘少奇的指示，华北职工干部学校改名为中华全国总工会干部学校②，由全国总工会副主席李立三兼任校长，狄子才改任副校长。1954 年，学校从天津迁入北京办学。1984 年，经原国家教委批准，中华全国总工会干部学校改建为中国工运学院，成为中华全国总工会直属、独立设置的成人高等院校③。2003 年，为适应新形势下我国劳动关系发展以及我国工会工作专门人才培养的需要，经国家教育部批准，中国工运学院转制升格为普通高等院校，并更名为中国劳动关系学院。④

总之，华北解放区作为较早解放的、大中城市相对集中的地区之一，同时也是中国共产党长期开展教育和宣传动员工作的革命老区，其政治优势相对突出，文化教育基础相对较好。加之晋察冀和晋冀鲁豫两大解放区拥有众多高等学校或高级干部学校，构成了华北地区率先开展高等教育正规化的重要前提。华北人民政府充分发挥这一优势，通过合并、重组、新建和扩建等形式对高等教育进行了整顿，并通过完善机构设置、改革课程与教学、规范管理制度等方法，提升各高校的办学质量，使华北地区党的

① 赵薇 . 论劳动学院与中国劳动关系学院的校史渊源 [J]. 中国劳动关系学院学报，2023（5）：24-33.
② 张静如等 . 中国共产党通志（第 3 卷）[M]. 北京：中央文献出版社，2001：319-320.
③ 关世雄 . 成人教育辞典 [M]. 北京：职工教育出版社，1990：81.
④ 中国劳动关系学院简介 [J]. 学校党建与思想教育，2022（16）：94.

高等教育事业进一步向正规化方向发展。此外，华北解放区还有许多具有高等教育性质的干部学校，如冀东建国学院、华北人民革命大学①等，都为解放战争和新中国建设培养和输送了大批革命干部和专业人才。

　　综上所述，在从争取和平民主到解放战争的历史进程中，晋察冀边区高等教育经历了战时高等教育快速恢复、高等教育的整顿与提升两大阶段。总体来讲，晋察冀边区高等教育在发展过程中呈现出战时教育与平时教育、教育为革命战争服务和教育为国家建设服务、稳定办学与游击式办学相互结合和相互转化的特点。

---

① 许承琦. 追回的记忆 [M]. 北京：中国社会出版社，2008：71.

第三章　晋察冀边区高等学校的创办模式

　　高等学校是指开展高等教育的学校，是本科院校、专门学校和专科学校的统称，也是高等教育事业创立和发展的主要载体。晋察冀边区高等学校随晋察冀边区的开辟与发展而创建和不断发展，在不同的历史时期，办学的历史背景和发展需求有所不同。根据办学环境、条件的变化，晋察冀边区高等学校的创办模式多样，对人才培养的目标也有所不同。从晋察冀边区高等教育发展历程看，边区高等教育在发展过程中形成了自主创建、转战迁驻、合并办学、恢复扩建、接管改造、裁减撤销等六种主要高校创办模式，这六种创办模式又是相互对应、相互补充的。一是在自主创建的过程中有转战迁驻，如在晋察冀边区初创时期，不仅自主创建了晋察冀军政干部学校，还迁驻华北联合大学、抗大二分校等；二是在合并办学的过程中恢复扩建也随之发生，如晋察冀军政干部学校与抗大二分校合并后，学校不断扩建，抗大二分校回归延安后留下陆军中学、随营学校等，抗战胜利后又在陆军中学基础上恢复扩建为晋察冀军政干部学校（后期）；三是在接管改造的同时也有裁减撤销，如抗战胜利后中国共产党接管张家口高校的过程中，一方面接管改造了原日伪蒙疆中央医学院、交通学院、铁路学院等，另一方面也裁减撤销了原日伪蒙疆学院、兴蒙学院、中央警察学校等[①]。此外，还有少数相互交织的创办模式，如中国医科大学迁驻张家口后接管改造了原日伪蒙疆中央医学院，但也借助其优良的医疗资源合并办学三个月；再如白求恩学校是由晋察冀边区自主创建的，抗战胜利后也曾参与接管改造原日伪蒙疆中央医学院，并扩建为白求恩医科大学。[②]多种交织的创办模式，使晋察冀边区高等学校不断增多增强、发展壮大，不仅为革命战争和边区建设培养了大批人才，也为新中国成立前后接管改造原国民党所办高校积累了宝贵经验。

一、自主创建与转战迁驻并举

自力更生、艰苦奋斗，是中国共产党的光荣传统和优良作风，也是中国共产党克敌制胜的法宝。在晋察冀边区高等教育的发展历程中，自主创建的高校是最多的，也是边区高等教育发展的核心力量。同时，晋察冀边区作为中国共产党在敌后开辟的第一个

---

① 张金辉.晋察冀解放区高等教育研究（1937—1949）[M].北京：中国言实出版社，2018：85.

② 张金辉.晋察冀解放区高等教育研究（1937—1949）[M].北京：中国言实出版社，2018：84.

敌后模范抗日根据地，处于华北抗战前线，是连接西北、华北和东北的交通要道，具有极其重要的战略地位，且域内地形复杂、战争频发，适合在实际战争中培养各类立场坚定的革命干部和专门人才。因此，在中共中央到敌人后方去的号召和部署下，众多高等学校转战迁驻晋察冀。自主创建与转战迁驻的高校，成为晋察冀边区高等教育的主体机构，这些高校历经抗日战争与解放战争的洗礼，见证了晋察冀边区发展的全过程，也构成了合并办学、恢复扩建、接管改造等高校创办模式的重要体现。

（一）自主创建

自主创建模式是晋察冀边区根据抗日战争和解放战争形势的需要，为战争与边区建设培养急需的各类干部和专门人才，而自主开办各类高校的创办模式。自主创建高等学校和具有高等教育性质的干部学校是晋察冀边区对高等教育事业自主探索与实践的过程，体现出中国共产党人自力更生的精神品质。在自主进行高级干部训练和高级技术人才培养的过程中，晋察冀边区先后自主创建了晋察冀军政干部学校（1937 年 12 月）（括号内为自主创建时间，下同）、白求恩医科大学（1938年1月）、抗战建国学院^①（1939年9月）、晋察冀行政干部学校（1946年4月）等几所主要高等学校。抗战胜利后，晋察冀边区在首府张家口市帮助蒙古族人民创办了内蒙古军政学院（1945年12月），培养蒙古族革命干部。同时，晋察冀边区各辖区也根据具体工作需要，因地制宜地创办了众多具有高等教育性质的干部学校或训练班，如河北抗战学院（即冀中抗战学院^②，1938年8月）、冀热辽军区抗日军政学校

---

① 抗战建国学院与河北抗战学院是两个不同的学校。抗战建国学院于1939年9月建立，归晋察冀边区领导，由边区行政委员会主任宋劭文兼任院长，1941年3月并入华北联合大学。河北抗战学院于1938年8月，由杨秀峰在河北深县成立，归冀中区领导，1939年2月结束办学。因在文献史料中常常简称抗战学院或抗院，后世研究中经常将两校混淆，或者认为是一所学校。例如，在《晋察冀边区教育资料选编（干部教育分册）》中边区高等学校部分收录《抗战学院》的三篇文献资料，其中《河北抗战学院》和《抗日烽火中的抗战学院》是关于河北抗战学院的（冀中区），而《关于抗院训练干部的号召》中所附的关于招生办法的重要启示，落款为晋察冀边区抗战建国学院，可见此文题目中的"抗院"是指晋察冀边区行政委员会领导的抗战建国学院。

② 个别资料和著作中又称其为"冀中抗战学院"。如《孙犁全集》中收录的孙犁在河北抗战学院任教期间为学校创作的校歌，名为《冀中抗战学院校歌》，《教育大辞典（高等教育卷）》中也收录了冀中抗战学院，称其于1938年由杨秀峰在河北深县创建。《晋察冀边区教育资料选编（干部教育分册）》中收录的《抗日烽火中的抗战学院》，也记录了孙犁为河北抗战学院谱写校歌的情况。可见，河北抗战学院即冀中抗战学院，因学校是由冀中区领导，且办学地点河北深县位于冀中区，因而又称冀中抗战学院。[教育大辞典编纂委员会.教育大辞典（第3卷）[M].上海：上海教育出版社，1991：443.孙犁.孙犁全集（第10卷）[M].北京：人民文学出版社，2004：98.王谦.晋察冀边区教育资料选编（干部教育分册）（上）[M].石家庄：河北教育出版社，1990：57-72.]

（即冀东抗日军政学校[①]，1943 年 8 月）、冀东建国学院[②]（1945 年
10 月）等，为革命战争和边区建设培养和输送了军政干部和高级
技术人才。自主创建模式主要出现在两个时期，一是晋察冀边区
创建初期，二是抗战胜利后的争取和平民主时期。

　　1. 边区初创时自主创建的高校

　　晋察冀边区是中国共产党在敌后创建的第一个抗日民主根据
地，随着敌后战场形势的日益严峻，急需大批立场坚定的革命干
部和军政人才充实到革命队伍中，坚持和领导敌后抗战。因此，
边区创建之初，政治、经济、文化和教育等建设工作也随即启动。
晋察冀边区继承和汲取了中国共产党干部教育的经验教训，自主
创建了晋察冀军政干校、晋察冀军区医务训练班、抗战建国学院
等干部学校或训练班，开始培养大批高级军政干部和专门技术人
才，为敌后抗战和边区各项建设服务。随着晋察冀边区的不断扩
展和建设工作的深入发展，这些学校逐渐发展壮大，大批有文化、

---

① 当时称为晋察冀军区第十三军分区冀东抗日军政学校。（曹剑英等 . 晋察冀边区教育
　史 [M]. 石家庄：河北教育出版社，1995：212.）
② 初名为冀热辽区建国学院，1945 年 9 月，由冀热辽区行署在玉田县筹建，以 "冀
　热辽区建国学院" 之名在《救国报》上发布招生简章。冀东革命根据地是 1938 年
　6 月，由晋察冀军区所属的第四纵队挺进冀东开辟创建的。在抗日战争和解放战争
　中，由于冀东战局的变化，辖区范围也在不断变化，所属党委、政府的名称经常变
　动，有冀热辽、冀东、冀热察、冀热边特委等。1945 年底，时称冀热辽区党委改为
　冀东区党委，学院随之改称冀东建国学院。[王用斌等 . 晋察冀边区教育资料选编
　（续集）[M]. 北京：北京师范大学出版社，1991：771. 远文如 . 遵化文史资料大全
　（上）[M]. 唐山：冀出内准字（2013）第 AT001，2013：542.]

有技术的专门人才投入到边区各项工作中，巩固已经建立的根据地，并不断扩大建设成果。

晋察冀军政干校是晋察冀边区最早创立的具有高等教育性质的干部学校，专门培养较高层次军事、政治干部。由于深入敌后作战，晋察冀边区创建之初干部奇缺，为解决这一问题，1937年11月底晋察冀军区决定成立一所军政干部学校，并委派孙毅①负责筹建。孙毅早年毕业于河南陆军军官学校，时任115师教导大队的大队长，而教导大队又是从115师随营学校改编而来的，因而让孙毅负责筹建军政干校是十分合适的人选。经过一个多月的筹备，学校于1937年12月在河北省阜平县正式成立，创办之初即招收了500余名学员②。晋察冀军区医务训练班是由115师军医处长叶青山领导成立的培养医疗技术人才的训练班，1938年1月在山西省五台县河北村开办，主要培养各类医护人员，为抗战提供医疗救护和卫生保障。之后，在白求恩的帮助下，训练班留下了从延安来的手术队，又从北平、天津等地动员来一批医疗人才，以军区医务训练班为基础，创建了晋察冀军区卫生学校。白求恩牺牲后，为纪念和学习白求恩精神，学校改名为白求恩学校，并

---

① 孙毅（1904—2003），河北廊坊大城县人，1931年参加革命，1933年加入中国共产党。新中国成立后，曾任解放军第六高级步兵学校校长，解放军总参谋部军训部副部长等职。

② 张金辉.晋察冀解放区高等教育研究（1937—1949）[M].北京：中国言实出版社，2018：76.

在革命战争年代即升格为大学。抗战建国学院成立于 1939 年 9 月，"是晋察冀边区政府为适应边区各方面建设而创办的新型干部学校"①，"是边区唯一的培养政权干部的学校"②，晋察冀边区行政委员会主任宋劭文兼任院长，山西省原战地总动员委员会锄奸部长郭任之任副院长。"这个学院旨在培养从事各项抗战建国事业的干部。学校初建时，设合作、税收和区政助理三个系。后来又设立了银行系"③。李公朴率领教育观察团在晋察冀期间，曾经深入考察该校并给予高度评价，称其为边区政府自身所缔造的"一座崭新型的学校，是一座全部实施抗战建国教育的学府"④。

晋察冀军政干校、晋察冀军区医务训练班、抗战建国学院是晋察冀边区最初创建的三所具有高等教育性质的干部学校或训练班。可以说，这三所学校成为了晋察冀边区高等教育的火种。晋察冀军政干校与抗大二分校合并，抗战胜利后又在张家口复校；抗战建国学院后并入华北联大，成为华北联大社会科学部（后为法政学院⑤）；晋察冀军区医务训练班奠定了白求恩学校发展的基础。

① 曹剑英等.晋察冀边区教育史 [M].石家庄：河北教育出版社，1995：49.

② 王谦.晋察冀边区教育资料选编（干部教育分册）（上）[M].石家庄：河北教育出版社，1990：59.

③ 皇甫束玉等.中国革命根据地教育纪事（1927.8—1949.9）[M].北京：教育科学出版社，1989：160.

④ 李公朴.华北敌后——晋察冀 [M].北京：生活·读书·新知三联书店，1979：147.

⑤ 曹义孙，胡晓进.三十年中国法学教育大事记（1919—1949）[M].北京：中国政法大学出版社，2011：203.

此外，晋察冀边区创建初期还建有一所著名的具有高等教育性质的干部学校，即 1938 年 8 月，由冀西抗日游击队司令、"红色教授"杨秀峰在冀中创办的河北抗战学院（即冀中抗战学院）。学院分民运和军政两院，主要目的是训练知识分子参加抗日工作，同时也帮助各地抗日武装力量培养基层干部。民运院教导主任由陈乔① 担任，军政院教导主任由刘亦瑜② 担任，热心文艺的教员孙犁③ 还曾谱写《冀中抗战学院校歌》④。在陈乔和孙犁的倡议下，学院成立了抗战剧团，排演抗战话剧进行抗战文艺宣传。河北抗战学院虽然办学时间较短，但"是冀中根据地初创时期规模最大人数最多的革命学府，共办了两期，每期 3 个月，共 6 个月。第一期 1400 人，第二期 1300 人，共 2700 人"⑤。学院贯彻"一切为抗战服务"的办学总方针，坚持抗战教育，采取战斗化、军事化的生活和训练，取得了很好的教学效果，在敌后战场产生较大的影

---

① 陈乔（1912—2005），河北安新同口镇人，1931 年加入中国共产党。新中国成立后，曾任河北省军区沧县军分区文化部部长、故宫博物院副院长、中国历史博物馆副馆长等职。

② 刘亦瑜（1912—1939），河北安新县北冯村人，1927 年加入中国共产党。1939 年 3 月到延安汇报工作，任晋察冀边区通讯社内勤，因托派问题受牵连含冤去世，1986 年平反。

③ 孙犁（1913—2002），河北省安平县人，1937 年冬参加抗战。新中国成立后，曾任中国作协天津分会主席，中国作协名誉副主席，中国文联荣誉委员等职。著名小说家、散文家、"荷花淀派"的创始人。

④《冀中抗战学院校歌》系孙犁于 1938 年 8 月所作的白话自由体诗，收录在孙犁全集集（第 10 卷）[孙犁 . 孙犁全集（第 10 卷）[M]. 北京：人民文学出版社，2004：98.]

⑤ 王谦 . 晋察冀边区教育资料选编（干部教育分册）（上）[M]. 石家庄：河北教育出版社，1990：71.

响。1938 年 9 月下旬，时任国民政府河北省主席、冀察战区总司令鹿钟麟和国民政府河北省民政厅长、"河北民军"总司令张荫梧到抗战学院参观后[①]，在冀南成立河北抗战建国学院，企图争夺知识青年，污蔑八路军"游而不击"[②]，从另一侧面也反映出中国共产党领导下的河北抗战学院影响力之大。

2. 争取和平时自主创建的高校

晋察冀边区自主创建高校的另一个重要时期是在抗战胜利后的一段特殊时期。日寇宣布无条件投降后，中国共产党提出"和平、民主、团结"的口号，号召和平建国，并与国民党进行了多次协商谈判，先后签订了《双十协定》《和平建国纲领》《停战协定》等文件，为解放区迎来了短暂的和平建设时期。中国共产党领导解放区人民抓住短暂的和平机遇期，在解放区开展政治、经济、文化和教育等各项建设。在晋察冀边区，八路军以武力收复了张家口市，建立起"以张家口为中心的基本战略根据地"[③]。张家口市成为晋察冀边区所辖最大城市，也是边区的直辖市。晋察冀边区政府、机关团体等纷纷进驻张家口，开展城市接管与建设

---

① 郭志刚，章无忌.孙犁传 [M]. 北京：北京十月文艺出版社，1990：112-113.
② 郑一民.张荫梧与河北民军 [A]. 政协全国委员会文史资料研究委员会《文史资料选辑》编辑部.文史资料选辑（第 11 辑 总 111 辑）[M]. 北京：中国文史出版社，1987：195.
③ 中共中央关于向北发展向南防御的部署（1945.9.19）[A]. 中央档案馆，河北省社会科学院，中共河北省委党史研究室.晋察冀解放区历史文献选编（1945—1949）[M]. 北京：中国档案出版社，1998：3.

工作。同时，张家口市作为延安向东北派出干部的中转地，延安大批学校、文艺团体进驻该市，张家口文教事业迅速繁荣，带动了城市高等教育力量的新生。从抗战胜利到 1946 年 10 月晋察冀边区党政军撤出张家口市，晋察冀边区在张家口市自主创建了内蒙古军政学院、晋察冀行政干校[①]。这两所具有高等教育性质的干部学校成为争取和平民主时期晋察冀边区自主创建高校的典型代表。

"内蒙古军政学院之所以择址在张家口，是因张家口独特的地理位置、突出的战略地位、扎实的组织基础和浓厚的文教背景……张家口是中国共产党早期革命活动的重要基地，也是中国共产党早期传播革命理论和造就内蒙古革命队伍的摇篮。"[②] 抗战胜利后，乌兰夫领导的内蒙古自治运动联合会在张家口成立，联合会在《目前工作的方针》中即提出"应当创办一所内蒙古学院和工作人员短期培训班"[③]。1946 年 1 月，在晋察冀边区政府的帮助下，内蒙古军政学院正式成立。该学院招收蒙古族青年和革命志士，为内蒙古地区培养政治、军事干部，还曾整训东蒙古人民自

---

① 根据中国劳动关系学院官网发文，认为晋察冀行政干校在张家口成立，是继承和发展了华北联合大学在抗战时期承担的干部培训职能，将学校前身从 1946 年 4 月成立的晋察冀行政干校，向前追溯至 1939 年 3 月成立的延安工人学校。

② 张金辉等.内蒙古军政学院探析 [J].河北北方学院学报（社会科学版），2018（4）：65-68.

③ 内蒙古自治运动联合会目前工作的方针（1945 年 11 月 27 日）[A].乌兰夫文选（上）[M].北京：中央文献出版社，1999：6.

治军骑兵独立旅^①。晋察冀行政干校的成立，主要是为配合解放和接管城市的需要，培训有各项城市工作经验的工人和知识分子干部。该校于 1946 年 4 月初在张家口筹备^②，由柯庆施任校长，狄子才任副校长（后为校长）兼总支书记。学校的工作人员主要包括：由狄子才从原华北联大带去的部分干部以及在张家口为筹备办学从地方抽调的一些人员。1946 年 10 月，国民党军傅作义部进犯张家口并野蛮轰炸，晋察冀边区党政军民学全部撤出市区。内蒙古军政学院与晋察冀行政干校分别向北向南撤退，前者撤至昭乌达盟林东与内蒙古自治学院合并，后者撤回老根据地，在阜平县南水裕、北水裕等 4 个村庄继续办学。

此外，在争取和平民主时期，晋察冀边区所辖各分区也根据本地区建设的需要自主创建了不少干部学校，为解放区建设培养急需的革命干部和专业人才，比较有代表性的有冀东建国学院和冀中行政干校。1945 年 9 月为给冀东地区培养建国人才，冀东行署（时称冀热辽区行署，1946 年 4 月 15 日，改称冀东行署）决定创建干部学校，培养各种急需的建国人才，定名为"冀热辽区

---

① 张金辉等.内蒙古军政学院探析 [J].河北北方学院学报（社会科学版），2018（4）：65-68.

② 2023 年 9 月 25 日，中国劳动关系学院正式发布《中国劳动关系学院前身追溯研究》成果，将校史向前追溯至 1939 年 3 月成立的延安工人学校。学者赵薇认为，中国劳动关系学院办学历史的最早发端可进一步追溯至中华全国总工会 1926 年在广州创建的劳动学院。[参见赵薇.论劳动学院与中国劳动关系学院的校史渊源 [J].中国劳动关系学院学报，2023（5）.]

建国学院"，后改称冀东建国学院。1945 年 10 月招生并开学，由冀东行署主任张明远[①] 兼任院长，"校址设在玉田县城内（玉田简师院内）。设政治班、文教班、财经班等三种班"[②]。"政治班主要培养中等基层干部，文教班主要培养文化教育方面的干部，财经班培养财会人员"[③]。后来又增设了地干班（主要培养在职地方干部）、司法班和研究班，培养和训练地方干部。1946 年初，学院迁到遵化"在师范学校和南关汇文中学上课"[④]。冀中行政干校 1946 年 5 月由冀中行署创建，由冀中行署教育科长丁廷馨兼任校长，副校长为刘子余[⑤]，学校开设司法、教育、会计、电话和农业等各班，培养地方工作干部，学员达 700 余名[⑥]。是时，晋察冀各分区干部学校的新建与创办，满足了解放区建设对人才的需求，实现了快速为解放区建设事业输送人才的目的，有力支援了解放区的建设。

　　总之，晋察冀边区自主创建的高校，一开始基本都是干部学校或短期训练班，但从这些学校的培养目标、学员学历以及学校

---

① 张明远（1906—1998），河北玉田县人。1919 年投身五四运动，1925 年加入中国共产党。新中国成立后曾任东北局副书记、国家机械工业委员会副主任等职。

②《中国教育事典》编委会 . 中国教育事典·高等教育卷 [M]. 石家庄：河北教育出版社，1994：792.

③《中国教育事典》编委会 . 中国教育事典·高等教育卷 [M]. 石家庄：河北教育出版社，1994：792.

④《中国教育事典》编委会 . 中国教育事典·高等教育卷 [M]. 石家庄：河北教育出版社，1994：792.

⑤ 姚宏杰，宋荐戈 . 中国革命根据地教育史事日志 [M]. 济南：山东教育出版社，2020：551.

⑥ 刘英杰 . 中国教育大事典（1840—1949）[M]. 杭州：浙江教育出版社，2001：1002.

后续发展来看，基本都以正规化训练和培养党的中高级干部为目标，学员也有许多是受过良好教育、具有较高文化水平的知识分子和具有一定文化基础的基层干部。还有相当一部分学员，是根据需要由其他高校调派来学习专门技术的。如冀东建国学院"第一期招收 350 名学员。大部分是在职的区级干部，连同原抗大转校学员共计 700 多名"[1]。随着抗日战争和解放战争的发展，晋察冀边区自主创建的干部学校都扩大了办学规模，提高了办学水平和教学质量，逐渐向正规化方向发展，具备了高等教育的性质和作用，逐渐演变为具有高等教育性质的干部学校或正规高校。

（二）转战迁驻

转战迁驻模式是指党中央根据革命战争的发展趋势，择机派出高校转战晋察冀边区，抑或晋察冀边区根据战争形势的需要和边区发展的具体情况，从其他地区迁驻高校或机缘巧合留驻高校，从而开展本地区的高等教育。这两种转战迁驻的高校创办模式，主要出现在晋察冀边区建立初期和抗战胜利初期。前期转战迁驻的高校代表有（括号内为转战迁驻时间）抗大二分校（1939 年 1 月）、华北联合大学（1939 年 9 月）等，后期转战迁驻的高校代表

---

① 曹剑英等.晋察冀边区教育史 [M].石家庄：河北教育出版社，1995：259.

有中国医科大学（1946年1月）、延安大学[①]（1945年12月）等。前期转战迁驻的高校大都扎根晋察冀长期办学，如华北联合大学自迁入晋察冀边区后一直坚持在华北办学，直至与晋冀鲁豫边区的北方大学合并为华北大学；后期转战迁驻的高校大都在挺进东北的路上因战事阻隔而在晋察冀短暂复课，待局势稍有缓和便向东北继续进军，如中国医科大学在张家口短暂复课三个月，于全面内战爆发前挺进东北地区。当然，无论是长期扎根办学还是短暂复学，都为晋察冀边区注入了高等教育的新鲜血液，同时也带动和促进了边区高等教育的发展。

1. 长期迁驻晋察冀办学

1939年6月10日，毛泽东同志在延安高级干部会议上作反对投降问题的报告，充分肯定了党的教育工作的成绩[②]，提出"今后，由于物质和敌情的原因，分在边区和华北两处办学"[③]。抗战进入相持阶段后，由于日军增兵华北，华北战局紧张，急需大批革命干部充实革命队伍，同时为了在战争环境中、在实际战斗中培养革命干部，中共中央决定将一些高等学校转战华北敌后办学，主要有抗大二分校和华北联大。

[①] 1941年9月由陕北公学（后期）、中国女子大学和泽东青年干部学校合并成立，1946年并入华北联合大学。后期由留在延安的部分师生恢复建立陕北公学。

[②] 姚宏杰，宋荐戈．中国革命根据地教育史事日志[M]．济南：山东教育出版社，2020：271．

[③] 皇甫束玉等．中国革命根据地教育纪事（1927.8—1949.9）[M]．北京：教育科学出版社，1989：156．

　　抗大二分校是最早迁入晋察冀办学的高校。1938 年 10 月，抗战进入战略相持阶段。为适应抗战的新阶段和新的战斗环境，中共中央设立干部教育部，统一领导和管理干部教育。11 月 30 日，中共中央决定在敌后建立抗大分校，以"吸收前线丰富的战斗经验，便利敌后的广大青年来校就学"[①]。12 月 13 日，抗大召开关于学校建制改变的动员大会，正式宣布由抗大"第 7 大队和第 1 大队第 1 支队全部以及 2、3、4 大队一部以及陕北公学旬邑分校、中央组织部训练班各一部组成"[②]抗大二分校。12 月 22 日，抗大二分校师生分别由校长陈伯钧和副校长邵式平带领，从延安和关中出发到晋察冀办学。1939 年 1 月底，抗大二分校先遣队和第一梯队到达晋察冀边区河北省灵寿县陈庄一带，2 月底，邵式平副校长带领的抗大二分校第二梯队也到达陈庄。3 月，抗大二分校在河北省灵寿县陈庄开学。抗大二分校迁入晋察冀边区办学受到了热烈欢迎，晋察冀军区司令员聂荣臻派出部队掩护学校顺利到达陈庄一带，分区司令员、政委率队出迎。聂荣臻还派参谋长孙毅、政治部主任舒同等来学校慰问，向师生介绍晋察冀的斗争形势，并提出希望学校能培养出更多能够胜任前线战斗的干部。至 1943 年，抗大二分校在晋察冀边区转战办学近 4 年，所属陆军中学在

① 皇甫束玉等.中国革命根据地教育纪事（1927.8—1949.9）[M].北京：教育科学出版社，1989：144.
② 皇甫束玉等.中国革命根据地教育纪事（1927.8—1949.9）[M].北京：教育科学出版社，1989：145.

晋察冀一直战斗到 1944 年春，抗战胜利后已改编为抗大总校第二大队的原陆军中学又返回晋察冀，在张家口重组为晋察冀军政干校（后期）。可以说，自抗大二分校转战华北以来，一直与晋察冀保持着密切联系。

华北联大是 1939 年 7 月由陕北公学、鲁迅艺术学院、延安工人学校和安吴堡青年训练班等在延安联合组建的，学校成立后响应党中央"到敌人后方去"的号召，即刻从延安出发，奔赴华北敌后办学。为了行军方便，华北联大实行军事化编制，与同去敌后办学的抗大总校合编为八路军第五纵队。华北联大为其中的一个独立旅，成仿吾任旅长兼政委，全校师生共编为 3 个团 1 个营，团下设连和队。经过长途跋涉，华北联大于 1939 年 9 月底到达晋察冀边区的河北省灵寿县陈庄附近。"中共中央原定华北联大也到晋东南，由于彭真、聂荣臻等要求把华北联大留在晋察冀边区，中共中央复电表示同意。"①10 月 7 日，华北联大师生到达阜平县城南庄建校，10 月中旬正式开学复课，学校撤销行军过程中的独立旅、团和连、队的编号，"按部、系、队建制组织教学"②。华北联大自迁入晋察冀办学后，一直坚持转战华北，历经两次正规化办学的探索，直至1948 年 5 月与晋冀鲁豫边区的北方大学合并成立华北大学。

① 中国人民大学校史研究丛书编委会 . 中国人民大学纪事（1937—2007）[M]. 北京：中国人民大学出版社，2007：24.
② 中国人民大学校史研究丛书编委会 . 中国人民大学纪事（1937—2007）[M]. 北京：中国人民大学出版社，2007：24.

2. 短期迁驻晋察冀复学

抗战胜利后，为了建立和巩固东北革命根据地，使新民主主义文教事业更好地服务于解放战争，根据中共中央的指示，中国医科大学、延安大学等高校于 1945 年 11 月中旬从延安迁往东北办学。是时，张家口市已成为晋察冀边区首府，转战东北的高校借道张家口向东北挺进，于 12 月抵达张家口西南郊县。但是，由于国民党军抢占承德、锦州等地，并封锁了山海关，北上东北道路不通。晋察冀中央局根据当时的局势和边区急需各种专业技术人员开展建设等实际情况，向中央提出挺进东北的高校留在晋察冀复课的建议，中共中央复电同意。

中国医科大学、延安大学等高校遂在晋察冀边区首府张家口市复课，继续办学。其间，或出于接管工作的需要，或出于办学的便利，中国医大与张家口医学院（原蒙疆中央医学院）合并，延安大学与华北联大合并，延安大学所属自然科学院与晋察冀工业专门学校合并。1946 年 3 月 27 日，《调处东北停战的协议》签订后，前往东北的道路逐渐打通。5 月 15 日中共中央发电指示"东北需要干部正多，并需要培养干部的教育机关正急，前决定开东北后又停张垣的党校及延大两校仍即经赤峰开东北"①。据此，原

---

① 边江等. 延安大学新闻班：中国共产党创办的第一个大学新闻专业 [M]. 北京：新华出版社，2020：27.（原标题为：《中共中央关于延大、党校速开东北给聂、刘并东北局电》，中央档案馆。）

已合并办学的挺进东北的高校纷纷抽调出人员，由张如心率领华北联合大学抽调的百余名教师、干部（主要是原延安大学人员），从张家口出发继续前往东北，1946 年 8 月到达中共中央东北局驻地哈尔滨，很快与已迁到佳木斯的东北大学会合，完成了延安大学迁校队伍离开延安的最终目的①。1946 年 6 月，中国医科大学主体由原校长王斌率领继续向东北进发，一路战斗、辗转，先后接收、合并或部分重组了东北军医大学、东北大学医学院等，最终扎根沈阳办学至今。

　　总之，中国医科大学、延安大学等高校迁驻晋察冀边区办学时间虽短，但因留下了诸多教职员工，对促进晋察冀边区高等教育的发展与提升，起到了重要的推动作用。例如，中国医科大学主体虽离开了晋察冀边区，但还留下了部分人员。当时，"原张家口医学院的全部人员和中国医大第 18、第 20 期的部分学员和少数教师留张家口，与白求恩医科学校合并，组建为白求恩医科大学"②。在张家口参加八路军的日籍医学家稗田宪太郎也曾回忆："延安的医科大学和我所在的华北医科大学合并，成立了中国医科大学。于是，在延安执教的中国教师也进了太行山。"③ 延安大学自

---

① 边江等 . 延安大学新闻班：中国共产党创办的第一个大学新闻专业 [M]. 北京：新华出版社，2020：27.
② 张金辉等 . 尘封的历史：中国医科大学在晋察冀首府张家口办学的几点考释 [J]. 张家口职业技术学院学报，2021（1）：21-23.
③ 刘民英 . 稗田宪太郎：八路军中的一位著名日本教授 [M]. 北京：人民军医出版社，1989：59-60.

然科学院也大都留在了晋察冀办学，直至解放后迁入北平。可见，即便是短暂驻留，仍对晋察冀边区高等教育产生了积极影响。

综上所述，自主创建与转战迁驻两种创办模式，在晋察冀边区高校发展史上一直是同时进行的。之所以出现这种现象，一方面是因为党中央高瞻远瞩把握全局，主动向华北地区迁驻高校来培养干部；另一方面是因抗战胜利初期晋察冀边区发展壮大，加之占领张家口这座大城市，为延安诸高校迁驻东北提供了战略走廊和临时落脚地。

二、合并办学与恢复扩建结合

"一切从实际出发，理论联系实际，实事求是，在实践中检验真理和发展真理"是中国共产党的思想路线。它要求人在认识和解决问题时，始终紧密联系实际情况，根据实际情况来制定政策和进行工作。在晋察冀边区，合并办学与恢复扩建的高校办学模式就遵循了这一思想路线。伴随着自主创建与转战迁驻，晋察冀边区同时存在两个或两个以上相同或相似的高校，为实现"强强联合"，也减轻边区财政负担，适时将相同或相似的高校合并办学就是"一切从实际出发"的具体体现。同时，合并办学的过程也是一个恢复扩建的过程。一些高校适时缩编后又择机扩编，也体现出恢复扩建的特质。

（一）合并办学

晋察冀边区是中国共产党开辟的第一个敌后抗日根据地，根据地的开辟、巩固与发展需要大批革命干部和专业人才，因而边区十分重视教育工作。晋察冀边区创建伊始，不仅积极创立高等学校，同时也从延安和平津等地引进高校、教授，招收知识青年。为了更好地开展高等教育，晋察冀边区采取合并办学的模式，对边区自主创办和转战迁驻的高校进行整合，以规范和提升各高校的教学和管理，优化和合理配置各高校的师资人员等，促进晋察冀边区高等教育的快速、良好发展。合并办学模式是晋察冀边区为了更好地实现培养目标，根据实际情况将两所或者两所以上相同或相似学校合并到一起的办学模式。晋察冀边区高校发展历程中，有过合并办学经历的高校主要包括抗大二分校、华北联大、晋察冀工业专门学校、白求恩医科大学、晋察冀工业交通学院等。合并办学模式还可以细化为"并列式"和"并入式"两种类型，前者主要包括华北联大、晋察冀工业专门学校（晋察冀工业交通学院）等，后者主要包括抗大二分校、白求恩医科大学等。有的高校则两者兼有之，如抗战时期，抗战建国学院并入华北联大作为其一个学院，抗战胜利后，华北联大又与延安大学并列合并。[①]

---

① 张金辉.晋察冀解放区高等教育研究（1937—1949）[M].北京：中国言实出版社，2018：82-84.

此类情况行文中亦有简述。

1. 并列式合并

并列式合并是指合并办学的两所或几所高校，在合并之时规模相当、级别相同，是同等、并列的关系，而非整体与部分的关系。晋察冀边区采取并列式合并办学的高校主要包括华北联大与延安大学合并为华北联大，晋察冀工专与延安自然科学院合并为晋察冀工业专门学校，晋察冀工专与晋察冀铁路学院合并为晋察冀工业交通学院。

华北联大是 1939 年 7 月在延安成立后迁驻晋察冀边区办学的，根据敌后办学的特殊环境，学校提出"背起背包行军，放下背包上课"的口号，在华北敌后边行军边学习，迅速发展成为"晋察冀边区的最高学府"[①]。抗战胜利后，根据中共中央的命令，前往东北办学的延安大学于 1945 年 12 月底到达晋察冀边区首府张家口市。1946 年 1 月 28 日，晋察冀中央局根据晋察冀边区建设急需大批干部和专业技术人才的实际需求，以及北上东北道路受阻的现实情况，致电请示中共中央称："延大与联大合并，成仿吾同志任校长，周扬同志任副校长，可否，请指示。"[②]29 日中共中央

---

① 皇甫束玉等 . 中国革命根据地教育纪事（1927.8—1949.9）[M]. 北京：教育科学出版社，1989：160.

② 晋察冀中央局 . 关于古大存工作问题等的请示电 [A]. 中央档案馆档案，1946.

复电表示：“同意延大联大合并，成任校长，周副之。”① 根据中共中央的指示，华北联大与延安大学合并办学。

晋察冀工业专门学校由延安自然科学院与晋察冀工业专门学校合并成立。延安自然科学院前身是 1939 年 5 月由中共中央财政经济部在延安创办的自然科学研究院，1940 年 1 月改组为理工科性质的高等专门学校，定名为自然科学院，1943 年 4 月自然科学院并入延安大学。延安自然科学院是解放区自然科学学术研究与教学的最高学府。晋察冀边区工业专门学校的前身是晋察冀边区工业部设立的工业训练班。抗战胜利后，晋察冀边区工业训练班接管了日伪在宣化办的工科实业学校和交通学院，从而组建了晋察冀边区工科专门学校。1946 年 1 月，晋察冀中央局提议晋察冀边区工科专门学校与延安迁来的自然科学院合并，中共中央复电同意。两校合并后，仍称为“晋察冀边区工业专门学校”，由原延安自然科学院副院长恽子强任校长。②

晋察冀边区工业交通学院是由晋察冀边区工业专门学校与晋察冀边区铁路学院合并成立的。铁路学院原系日伪所办，张家口光复后由我方人员接管并改造。1946 年 10 月国民党军傅作义部进攻张家口市，晋察冀边区各高校从城市向农村疏散，为了统一边

---

① 中共中央. 关于古大存工作问题及延大联大合并问题的复电 [A]. 中央档案馆档案，1946.

② 张金辉. 晋察冀解放区高等教育研究（1937—1949）[M]. 北京：中国言实出版社，2018：195-197.

区的工业技术教育，晋察冀边区将"工专"与铁路学院合并成立晋察冀边区工业交通学院，学校设普通科和预科，以培养和训练工业技术和交通运输人才为主要目标。[①]

如延伸至华北解放区时期，并列式合并办学的高校还包括华北联大与北方大学合并为华北大学，晋察冀边区工业专门学校与北方大学工学院合并为华北大学工学院，晋察冀军政干校与晋冀鲁豫军政大学合并为华北军政大学，白求恩医大与北方大学医学院合并为华北医科大学等。[②] 其中，北方大学工学院、医学院虽名义上归属北方大学领导，但在实际上属于独立办学性质，其规模与晋察冀工业学校、白求恩医科大学相当，因而仍属于并列式合并。

2. 并入式合并

并入式合并是指合并办学的两所或两所以上高校，在合并后属于整体与部分、包含与被包含的关系，抑或主导与从属的关系，而非对等的并列关系。在晋察冀边区成立初期，抗战建国学院即并入华北联大，充实了华北联大社会科学部（后为法政学院），是较为典型的并入式合并。同时，晋察冀边区采取并入式合并办学的高校主要还有晋察冀军政干校并入抗大二分校、张家口医学

---

① 张金辉.晋察冀解放区高等教育研究（1937—1949）[M].北京：中国言实出版社，2018：232-233.

② 张金辉.晋察冀解放区高等教育研究（1937—1949）[M].北京：中国言实出版社，2018：224、233.

院（原蒙疆中央医学院）先后并入中国医科大学和白求恩医科大学等。

抗大二分校是最早转战迁驻晋察冀边区办学的高校，也是抗大最早设立的分校之一。[①] 学校建制确立和公布以后即向华北迁移，1939 年初陆续到达晋察冀边区扎根办学。[②] 抗大二分校继承了抗日军政大学培养和训练军政干部的丰富经验，在奔赴华北敌后的过程中，历经艰难险阻、穿越层层封锁，进一步磨砺了广大师生的革命意志，坚定了师生抗战到底的革命信念。1939 年 3 月，抗大二分校在晋察冀边区办学后，边区出现了两所同类别军政院校并存的局面。换言之，在抗大二分校迁驻晋察冀之前，边区已自主创建了晋察冀军政干校。为精简机构、便于管理，晋察冀边区将晋察冀军政干校并入抗大二分校，以整合区域内军政干校的教育资源，学习抗日军政大学培养军政干部的经验。

张家口医学院先后并入中国医大和白求恩医大是在抗战胜利后。起初，八路军光复张家口市后，冀察军区卫生部接管了原蒙疆中央医学院，先将其改造为张家口医科专门学校，后改称张家口医学院。是时，白求恩学校也迁驻张家口市办学，驻地在东山坡。1945 年 11 月，中国医科大学根据中共中央指示向东北迁移，

---

① 王谦.晋察冀边区教育资料选编（干部教育分册）（上）[M].石家庄：河北教育出版社，1990：92.

② 王谦.晋察冀边区教育资料选编（干部教育分册）（上）[M].石家庄：河北教育出版社，1990：93-94.

途中因战事受阻无法通行，遂在张家口市复课。一时间张家口市出现了张家口医学院、白求恩学校、中国医大三所医学高校并存的局面。为整合医学教育资源，借助张家口医学院的优良硬件设施办学，晋察冀边区决定将张家口医学院并入中国医大，校名沿用中国医科大学。1946 年 6 月，中国医大奉命继续向东北挺进，晋察冀边区遂将中国医大留下的部分师生和原张家口医学院的师生并入白求恩医科（卫生）学校，并改组成为边区医学教育的高等学校，定名为白求恩医科大学。

此外，华北联大在张家口办学期间，晋察冀军政干校的外语训练班、张家口外国语学校等并入其中，与华北联大文艺学院的外语系合并，组建了华北联大外国语学院，培养外语翻译人才。这种院系调整在战争年代属于较为常见的现象。

总之，合并办学是晋察冀边区高等教育发展过程中的一种重要形式。无论是并列式还是并入式，合并办学后的各高校均有效整合、利用了已有的教育资源，方便了教学和管理。各级各类高校在合并重组的过程中，不断进行办学经验的交流与学习，促进了晋察冀边区高等教育的发展。

（二）恢复扩建

恢复扩建是指晋察冀边区高等教育发展过程中，不失时机地对原有高校的恢复扩建，或对原有干部学校或中等学校等进行改建扩建，将其发展为具有高等教育性质的干部学校。晋察冀边区不仅是华北和全国抗战的坚强堡垒，更是抗日民族统一战线的示范区。自边区建立以后，中国共产党领导晋察冀军民一边坚持不懈地战斗，一边努力开展政治、经济、文化和教育等各项建设工作。然而，对敌斗争的残酷超乎人的想象。自 1941 年下半年起，晋察冀边区面临严重的经济和军事压力，抗大二分校回归总校建制[①]，华北联大不得不缩编，仅剩一个教育学院[②]，白求恩学校也一直维持较小的规模，直至 1944 年才有所好转。抗战胜利后，在晋察冀边区首府张家口市，华北联大恢复扩建为 4 个学院 1 个文工团[③]，白求恩学校升格为大学[④]。同时，抗大二分校留下的教导大队恢复扩建为冀察军政干校[⑤]，原抗大二分校陆军中学恢复扩建为晋察冀军政干校[⑥]。这些学校的恢复扩建，是晋察冀边区高校发展的重要模式之一。

---

① 王谦.晋察冀边区教育资料选编（干部教育分册）（上）[M].石家庄：河北教育出版社，1990：97.

② 王谦.晋察冀边区教育资料选编（干部教育分册）（上）[M].石家庄：河北教育出版社，1990：149.

③ 张金辉.晋察冀解放区高等教育研究（1937—1949）[M].北京：中国言实出版社，2018：181.

④ 张金辉.晋察冀解放区高等教育研究（1937—1949）[M].北京：中国言实出版社，2018：192.

⑤ 张金辉.晋察冀解放区高等教育研究（1937—1949）[M].北京：中国言实出版社，2018：209.

⑥ 张金辉.晋察冀解放区高等教育研究（1937—1949）[M].北京：中国言实出版社，2018：152、206.

1. 对原有高等学校的恢复扩建

1940 年至 1941 年上半年，日军尚未形成全面进攻晋察冀边区的部署，边区各高校抓紧时机扩大办学规模，抗大二分校第三期分高级科、上级科和普通科，增加了文化教育时间，白求恩学校增设了两年制的高级军医班，华北联大也将所属各部改为学院[①]。三校均扩大了招生规模，开展正规化办学的探索。据载，华北联大到 1941 年共有法政、文艺、教育 3 个学院，以及群众工作、高中 2 个部，全校教职学员将近 4000 人，分住在 10 多个村庄[②]。然而，随着 1941 年秋季以后的敌人"大扫荡"，华北联大师生不得不化整为零，分散在农村办学。"当时教学条件十分艰苦，没有教室，没有桌椅板凳。师生们经常席地而坐，用背包当桌子，门板做黑板，找到一块空地，竖起黑板就上课。1942 年，为适应残酷的战争环境，华北联大仅保存教育学院，直到抗战胜利。"[③]华北联大教职学员在 1942 年大约有 250 人[④]。抗战胜利前夕，以华北联大为代表的晋察冀边区高校学员人数少、办学规模小，主要领导也因回延安参加党的七大一直未能主持学校工作。

抗战胜利后，在晋察冀边区农村办学的各高校均迁入了张家

① 张金辉. 晋察冀解放区高等教育研究（1937—1949）[M]. 北京：中国言实出版社，2018：101.

② 人民的大学：华北联大介绍 [M]. 苏州：苏南新华书店，1949：3.

③ 张金辉，郎琦. 中国人民大学办学正规化现代化的重要时期——华北联大在张家口办学的历史考察与价值分析 [J]. 河北北方学院学报（社会科学版），2013（4）：75-80.

④ 人民的大学：华北联大介绍 [M]. 苏州：苏南新华书店，1949：4.

口市，利用城市的优良教育资源，各高校开始了恢复扩建工作。华北联大不仅恢复了原来的教育、法政、文艺三个学院，还新建了一个外国语学院，并领导华北文工团。该校还多次在《晋察冀日报》上发布招生简章，面向全国招生。第一次发布的招生名额为800名[①]，第二次发布的招生名额为500名[②]。通过恢复扩建，华北联大在张家口办学期间的机构设置及规模超过了1941年，但教职学员"始终保持一千多人"[③]。相比于1941年的将近4000人看似规模尚未完全恢复，但此时统计的教职学员不含附设行政人员训练所，学校也不再设群众工作部和高中部，教职学员有了条件较好的宿舍、明亮的教室、藏书丰富的图书馆等，硬件设施齐全，学制延长（各院系分2—3年毕业[④]），体现出正规化大学的特质，因而不能单纯以教职学员人数来确定办学规模。

各高校还通过合并办学不断恢复扩建，如中国医科大学在张家口复校后，纳入张家口医学院在校学生209人、工作人员134人[⑤]，进一步整合了教育教学资源。中国医科大学继续向东北挺进后，白求恩医科（卫生）学校又与留在张家口的中国医大部分

---

① 华北联合大学招生简章 [N]. 晋察冀日报，1946-2-21（4）.

② 华北联合大学第二次招生简章 [N]. 晋察冀日报，1946-8-28（4）.

③ 人民的大学：华北联大介绍 [M]. 苏州：苏南新华书店，1949：6.

④ 华北联合大学招生简章 [N]. 晋察冀日报，1946-2-21（4）.

⑤ 高恩显. 中国人民解放军第四野战军卫生工作史（1945.8—1950.5）[M]. 北京：人民军医出版社，2000：356.

师生及张家口医学院二次合并，进一步恢复扩建，扩大办学规模。不仅正式升格为白求恩医科大学，还招纳以稗田宪太郎为代表的日籍教师、医生和护士20余人[1]，成为"一个国际性的医务学校"[2]。可见，合并办学也是恢复扩建的重要手段之一。白求恩医科大学除培养部队选送的卫生人员外，"第一次公开向地方招收知识青年入学"[3]，扩大了招生对象。不仅如此，白求恩医科大学附属医院还办有护士学校，面向地方招收医护人员[4]，还多次续招学员[5]。由于报考人数增多，白求恩医科大学还不得不在《晋察冀日报》发布停止招生的信息。这反映出白求恩医科大学在恢复扩建的过程中并未盲目扩大招生，而是有计划地、根据实际情况开展医学高等教育事业。

2. 对原有干部学校的恢复扩建

为了更加广泛地发动群众，教育知识分子和进步青年参与到中国新民主主义革命的伟大事业中，晋察冀边区根据中共中央关于干部教育的指示，建立起包括初、中、高三级干部学校和各类

①《白求恩医科大学校史》编辑委员会.白求恩医科大学校史（1939—1989）[M].成都：四川人民出版社，1989：39.
② 王谦.晋察冀边区教育资料选编（干部教育分册）（上）[M].石家庄：河北教育出版社，1990：237.
③《白求恩医科大学校史》编辑委员会.白求恩医科大学校史（1939—1989）[M].成都：四川人民出版社，1989：38.
④ 白求恩医大附属医院护士学校招考新生 [N].晋察冀日报，1946-9-2（4）.
⑤ 白求恩医科大学附属医院护士学校续招新生三十名 [N].晋察冀日报，1946-9-2（4）.

短期培训班在内的干部教育体系，其中高级干部学校具有高等教育性质。随着革命形势的向好发展，晋察冀边区将一些初级、中级干部学校或训练班扩建为具有高等教育性质的干部学校，以提升边区军政干部的培养和训练水平。这类学校主要包括冀察军政干校（1945.8）、晋察冀军政干校（后期，1946.2）以及冀中"五一"学院（1945）等。

冀察军政干校是在抗大二分校留下的教导大队基础上恢复扩建的。抗大二分校1939年初来到晋察冀边区，以战斗的姿态在战争环境中坚持办学4年多，先后培养了两万多名干部。1941年下半年以来，连续的自然灾害和日军的反复"扫荡"、严密封锁，使晋察冀边区面临极度困难，"为了保存干部，中央决定抗大总校及各分校调回陕甘宁边区"①。1943年2月，抗大二分校回到陕北绥德，但留下了教导大队，改建为冀察军区教导大队。1945年8月，冀察军区教导大队随军进驻宣化后，扩建为冀察军政干校，招收"初级中学以上，或具有同等学力者"②。冀察军政干校是抗战胜利后最早恢复扩建的军政干校，第一期招生规模即达到1000人③，第二期为300名④。

---

① 高克恭.抗大二分校的会议 [A].中国人民政治协商会议全国委员会文史资料研究委员会.革命史资料 [M].北京：文史资料出版社，1983：141-146.
② 冀察军区军事政治干部学校招生简章 [N].晋察冀日报，1945-09-13（4）.
③ 冀察军区军事政治干部学校招生简章 [N].晋察冀日报，1945-09-13（4）.
④ 冀察军政干部学校第二期招生 [N].晋察冀日报，1946-9-16（4）.

晋察冀军政干校（后期）是在原抗大二分校陆军中学基础上恢复扩建的。抗大二分校在晋察冀办学期间，还创办了附属中学[①]和陆军中学[②]。抗大二分校回归陕北后，"抗大二分校附属中学也随后出发，于同年 5 月到甘肃省合水县与抗大七分校陆军中学合并，编为抗大七分校二大队。抗大二分校陆军中学因参加晋察冀边区的反'扫荡'战斗，直到 1944 年春才迁往陕北绥德，编为抗大总校第二大队"[③]。1946 年 2 月，晋察冀边区政府"经请示党中央批准，以原抗大二分校陆军中学编成的抗大总校第二大队为基础，在边区首府张家口组建晋察冀军政干部学校"[④]。聂荣臻兼任校长和政委[⑤]，调军区政治部主任朱良才任党委书记兼副校长、副政委，为晋察冀军区部队训练各级各类军官干部，同时也培训地方县级以下干部和新参军的知识青年。"训练时间为期 3 个月，每期招生新生 2000 名"[⑥]。足见该校规模之大。

冀中"五一"学院的成立有两种说法：其一，抗战胜利前成

---

① 抗大二分校附属中学成立于 1942 年 1 月，由抗大二分校政治部主任李志民（后江隆基）兼任校长，初建于冀中区后转移到北岳区。
② 抗大二分校陆军中学于 1942 年 2 月在冀西成立，唐子安（后李钟奇）任总队长。
③ 曹剑英等 . 晋察冀边区教育史 [M]. 石家庄：河北教育出版社，1995：259.
④ 陆军参谋学院院史编辑委员会 . 向前向前的光辉历程：解放军陆军参谋学院发展简史 [M]. 北京：解放军出版社，1998：38.
⑤ 胡浩 . 共和国英才的摇篮　来自中国大专院校的报告（上）[M]. 北京：教育科学出版社，1994：178.
⑥ 张金辉 . 晋察冀解放区高等教育研究（1937—1949）[M]. 北京：中国言实出版社，2018：206.

立。《中国教育事典·高等教育卷》表述为"于1945年5月1日创办了冀中'五一'学院，又称冀中建国学院。该学院实际是行政学院。学院院长由杨沛担任，党总支书记起初是石竞，后来由许汉英接任……学院设政治队、教育队、司法队和会计队……1946年6月，国民党反动派向解放区开始全面进攻，不少学员参军到前线，参加了解放战争，冀中'五一'学院也因此结束"[①]。《晋察冀边区教育史》的表述与《中国教育事典·高等教育卷》基本一致，仅去掉了成立时间的具体月份[②]。《中国共产党沧州历史（第1卷）》表述为："1945年在河间成立的冀中五一学院，又称冀中建国学院，设政治队、教育队、司法队、会计队、师范队。"[③] 其二，抗战胜利后成立。《河北革命历史大事记》表述：1945年"11月7日冀中五一学院成立。该院前身为冀中干部学校……该院分设司法、教育、会计、师范、政治五个队。院长为罗玉川，副院长为鹿一夫"[④]。《天津党史资料与研究》表述为："冀中五一学院于1946年8月在原行署干训班的司法、教育、会计、合作四个队的基础上建成，由行署教育厅长鹿一夫任院长，五队（即政治队）的党总支书记兼教导主任由杨沛担任，副书记、副主任由石竞、

---

① 《中国教育事典》编委会. 中国教育事典·高等教育卷 [M]. 石家庄：河北教育出版社，1994：789.

② 曹剑英等. 晋察冀边区教育史 [M]. 石家庄：河北教育出版社，1995：215.

③ 中共沧州市委党史研究室. 中国共产党沧州历史（1921—1949）[M]. 北京：中共党史出版社，2004：555.

④ 河北省档案馆. 河北革命历史大事记（第三册）[M]. 河北省档案馆，1984：106.

许汉英担任。五队党支书先后由刘守璞、劳成之担任，班主任由劳成之兼。校址设在河间中学旧址（原是个大庙）。"① 通过以上文献可以发现，对于冀中"五一"学院的成立时间、领导任职等情况存在一些疑问。一种可能是该校办学跨越抗日战争与解放战争两个时期，另一种可能是分别建校但校名相同。以抗战胜利后成立的冀中"五一"学院的史料为准，该校也是在原有干部学校或训练班的基础上改建扩建的（恢复扩建的可能性也是存在的），其目的是为解放区建设培养各类政工干部。冀中"五一"学院创建后，分区的各级干部能够就近入学深造，对于提高干部素质贡献了力量，"为冀中根据地开创了高等教育的先声"②。

总之，恢复扩建是抗战胜利后晋察冀边区各高校创立与发展的主要方式，通过恢复扩建，有些学校恢复到甚至超过了办学历史的最好时期，如华北联合大学；有些学校则实现了大学的升格或办学档次的提升，如白求恩医科大学、晋察冀军政干校、冀察军政干校等。

综上所述，在晋察冀边区，合并办学与恢复扩建两种高校创办模式紧密结合。有些高校的合并办学就带有扩建的性质，如抗战胜利后中国医科大学、白求恩医科（卫生）学校与张家口医学

① 中共天津市委党史研究室. 天津党史资料与研究（第三辑）[M]. 天津：天津古籍出版社，2007：112.
②《中国教育事典》编委会. 中国教育事典·高等教育卷 [M]. 石家庄：河北教育出版社，1994：789.

院的合并。从硬件设施条件上看，张家口医学院原系蒙疆中央医学院，是华北及内蒙古地区医疗水平最高的医学院校之一。两所中国共产党领导下的医学高校与之合并，利用较好的医疗教育资源实现了扩大办学、扩建规模。华北联合大学在迁入张家口后，主要是恢复扩建，不断朝着正规化方向发展，但在组建所属的外国语学院的过程中，将晋察冀军政干校外语训练班、张家口外国语学校等并入其中，作为华北联大外国语学院的重要组成部分。可见，在恢复扩建的过程中也存在着合并办学的方式。因此，合并办学与恢复扩建有机结合，在一定程度上使晋察冀边区高等教育实现了跨越式发展。

三、接管改造与裁减撤销统一

在晋察冀边区建制存在的十余年里，接管改造高校只存在于抗战胜利初期，即对原伪蒙疆政府首都张家口市各伪高校的接管与改造。但在新中国成立前后，原晋察冀所属高校（含华北人民政府时期）诸多教职员工参与到平津及华北某些地区高校的接管与改造之中，甚至有很多教职员工南下参加了南方诸多高校的接管改造工作。同时，对日伪高校或国民政府旧高校的接管与改造，与裁减撤销部分伪高校、旧高校是统一开展的，是一个过程的两个方面。可以说，接管改造与裁减撤销有机统一，成为晋察冀边区高校（原晋察冀所属高校）进一步发展的重要方式，也构成了晋察冀边区高校创办的主要模式之一。

（一）接管改造

接管改造模式是晋察冀边区高等教育发展过程中，对新解放区旧有高校进行接收、管理并加以改造，使其"为我所用"、为中国革命和建设服务的一种创办模式。这种模式可以分为两类：一是抗战胜利后，晋察冀八路军部队武力收复日伪蒙疆政权首府张家口市后接管原日伪高校，包括蒙疆中央医学院、交通学院、铁路学院等，使之彻底改变日伪奴化教育性质，注入红色血脉，涅槃重生；二是新中国成立前后，晋察冀边区各高校（包括华北解放区原属晋察冀的高校）的教职员工奉命接管平津及其周边地区高校（部分高校以党领导的高校部分院系为主导与原国民政府高校重组合并），包括清华大学、北平铁道管理学院、唐山工学院、北平艺术专科学校、中央音乐学院等，使之成为人民的大学。

1. 对张家口市原日伪高校的接管改造

抗战胜利后，晋察冀边区以张家口市为直辖市和首府，将党政军群机关、高等学校、文艺团体等都迁到张家口市，并对原日伪创办的蒙疆中央医学院、铁路学院、交通学院等所谓的"高等学校"进行了接管和改造，组建了张家口医学院、晋察冀铁路学院和晋察冀工业专门学校等，为晋察冀边区的建设培养专门技术人才。

张家口医学院是八路军接管日伪蒙疆中央医学院后改造而成的，原校于 1942 年由日伪蒙疆政府在张家口建立。日本宣布无条件投降后，日伪蒙疆中央医学院的日籍教员、医生、护士等都随日军撤退，学校处于无政府状态。以吴之聘为首的中国医生、教员和学生自发地组织起来，昼夜巡逻，严密防守，保护了学校和医院的医疗仪器等硬件设施。1945 年 8 月 25 日，冀察军分区卫生部部长彭方复来接管医院，随后又接管了学校[①]，将其更名为张家口医科专门学校。26 日，冀察军区司令部、政治部任命吴之聘为张家口医科专门学校校长兼附属医院院长，迟复元为教务处长兼附属医院医务处主任。晋察冀党政军群机关进驻张家口后，进一步接管改造了学校，将其更名为张家口医学院。由晋察冀军区卫生部部长殷希彭兼任院长[②]，卫生部政委姜贤齐兼任政委[③]，调白求恩学校副教务主任康克担任教务处长，"后又陆续增派路九牧、齐恒德、李文印等同志进入学校，承担起恢复、整顿和管理学校的重任"[④]。附属医院由"吴之聘任院长，白森林任政委，张录增、迟

---

①《白求恩医科大学校史》编辑委员会 . 白求恩医科大学校史（1939—1989）[M]. 成都：
　　四川人民出版社，1989：269-270.

② 刘民英 . 稗田宪太郎：八路军中的一位日本著名教授 [M]. 北京：人民军医出版社，
　　1989：60.

③ 康克 . 我这一百年 [M]. 长春：吉林人民出版社，2008：151-152.

④ 康克 . 我这一百年 [M]. 长春：吉林人民出版社，2008：152.

复元任副院长"①。根据晋察冀卫生部的指示，张家口医学院的接管干部采取"团结教育"的方针，对原学校教职员和学员进行宣讲、解释和教育，既强调以身作则、说服教育，又制定并严格执行各项管理，坚持教育与管理并重，经过坚持不懈的努力，逐渐扭转了"大部分人员受旧的社会思想意识影响，仍盲目存在以国民党为'正统'的观念，轻视我军。由于长期受日伪反动欺骗宣传和奴化教育，对共产党、八路军缺乏正确认识"②的局面，使其逐渐安下心来工作和学习，"学校的日常工作和教学活动逐步走入了正轨"③。

1945年11月，原日伪蒙疆中央医学院院长、病理学教授、日籍教员稗田宪太郎，经过党的城市工作部做工作，带领20多名从张家口撤到北平的日本医生、护士和教员回到张家口医学院工作。这一举动受到晋察冀军区卫生部和张家口医学院师生的热情欢迎。军区卫生部聘请稗田宪太郎担任医学顾问，并任命他为张家口医学院的病理教研室主任。稗田宪太郎是一位有正义感的学者，在日籍教员中有很高威望。稗田宪太郎回到张家口后立即要求回学校授课，并"开始学政治，了解八路军，学马列，学习革命的道

① 刘民英. 稗田宪太郎：八路军中的一位日本著名教授 [M]. 北京：人民军医出版社，1989：60.
② 康克. 我这一百年 [M]. 长春：吉林人民出版社，2008：152.
③ 康克. 我这一百年 [M]. 长春：吉林人民出版社，2008：153.

理"①，积极改造自己的思想和认识。同时，为进一步加强对张家口医学院原教职学员的思想改造，以及对平津地区新招考的青年知识分子进行教育，1946 年 3 月，晋察冀边区将张家口医学院与在张家口复课的中国医科大学合并办学，定名为中国医科大学。殷希彭、姜齐贤继续分别兼任校长、政委，康克改任教务处副处长，处长由原中国医大教务处主任陈应谦担任。合校后，中国医大"进一步健全组织结构，调整总体规划，建立和强化各项规章制度，使学校的管理逐步走向科学化、制度化、规范化"②，取得了在城市中稳定正规化办学的显著成效。原中国医大师生团结和改造了众多旧知识分子、旧职员乃至日籍教职员工，使其为中国革命和建设服务，用事实证明了中国共产党对日伪高校采取接收改造的政策和策略是正确的也是成功的。

晋察冀边区还接收了日伪蒙疆政府创办的铁路学院和交通学

---

① 刘民英.稗田宪太郎：八路军中的一位日本著名教授 [M].北京：人民军医出版社，1989：60.

② 康克.我这一百年 [M].长春：吉林人民出版社，2008：153.

院，将铁路学院改造成为晋察冀铁路学院[①]，调顾稀[②]担任院长。晋察冀铁路学院成为"以教育铁路在职员工为主培养技术人员和管理人员的学校"[③]，为晋察冀边区铁路交通教育事业作出了积极贡献。同时，日伪原交通学院接管后将其迁至宣化，与日伪蒙疆政府在宣化设立的工科实业学校（采矿科）[④]和晋察冀边区工业部设立的工业训练班合并，组建晋察冀工业专门学校，培养采矿、机械和交通技术人才，由边区行政委员会领导，晋察冀边区工业局副局长刘再生[⑤]担任校长，陈琅环[⑥]任副校长。1946 年 1 月底，该校又与留在张家口办学的延安大学自然科学院合并，定名为晋察冀工业专门学校，并迁入张家口市办学。学校按照文化程度划分

[①] 有史料中也称晋察冀铁路学院为"张家口铁路学院"或"张家口铁道学院"。其中以张家口铁路学院较为多见。在根据西南交通大学校史资料选编的校园故事集中，称顾稀同志"1944 年调任张家口铁道学院院长"，此处张家口铁道学院与张家口铁路线学院一样，均指经过改造的晋察冀铁路学院。另据张家口光复时间及晋察冀边区对铁路学院的接收改造时间，1944 年调任院长为错误表述。（贾志良 . 流金岁月：西南交通大学百年故事集 [M]. 成都：西南交通大学出版社，2006：435、434.）

[②] 顾稀（1919—2012），上海市崇明县人，1938 年参加革命工作，同年加入中国共产党。新中国成立后，曾任唐山铁道学院（现西南交通大学）院长、党委书记、上海铁道学院党委书记等职。

[③] 贾志良 . 流金岁月：西南交通大学百年故事集 [M]. 成都：西南交通大学出版社，2006：435.

[④] 日伪统治时期，在宣化城内牌楼东武庙处建立工科实业学校。宣化县地方志编纂委员会 . 宣化县志 [M]. 石家庄：河北人民出版社，1993：797.

[⑤] 刘再生（1909—1987），河北省滦南县柳赞村人，1938 年加入中国共产党。新中国成立后曾任中国科学院半导体研究所所长兼党委书记、第 109 工厂党委书记等职。

[⑥] 陈琅环（1916—1990），江苏省扬州市人，1936 年参加革命，1938 年加入中国共产党。新中国成立后，曾任太原钢铁公司经理、党委书记，冶金工业部钢铁司副司长等职。

教学班，开展有针对性的教学和管理工作，建立健全各项规章制度，新招学员，购置图书和仪器设备，建立图书馆、实验室等，进行正规化办学的探索。

由此可见，抗战胜利后，晋察冀边区对日伪高等学校进行了甄别接管（有些则直接取缔，如专门培养汉奸的日伪蒙疆高等学院等），并派驻接管干部进行思想教育和政治宣传工作，同时还专门委托华北联大"开办行政人员训练所，对伪蒙疆系统的职员、教员进行再教育"[①]，引导其了解中国共产党的政策和奋斗目标，教育和培养其为中国革命和建设贡献力量。通过接管和改造，晋察冀边区不仅吸收了众多知识分子投身革命，充实了革命教育队伍，也接管了大量教学设备和教育资源，还积累了接管城市教育工作特别是高校的宝贵经验。

2. 对平津地区旧高校的接管改造

城市接管是新中国成立前后党的一项重要历史任务。晋察冀边区高校的领导干部，由于曾经在张家口参与过伪高校的接管工作，在解放战争后期大都参与到了城市接管的工作之中，特别是对旧高校、文教部门的接管。例如，曾任晋察冀铁路学院院长、负责对日伪铁路学院进行接管和改造的顾稀，1949 年 7 月代表中央军委铁道部正式接管唐山工学院。曾任华北联大教育长的林子

---

① 中国人民大学校史研究丛书编委会.中国人民大学纪事（1937—2007）[M].北京：中国人民大学出版社，2007：50.

明，在天津解放后出任天津市教育局副局长，"林子明同志主持教育局日常工作期间，全面贯彻落实党的文教政策、干部政策及知识分子政策，为在全市改造旧的教育制度作出了贡献，并为建立新的教育制度奠定了初步基础"[①]。曾任华北联大文艺学院院长的沙可夫，在北平解放后担任北平军管会文化接管委员会副主任，主持并参与了清华大学等高校的接管[②]。

根据需要，白求恩医科大学也调配了一大批曾经在张家口参与过高校接管改造的领导干部，奔赴各地从事城市卫生和教育等方面的接管和建设工作。例如，"校长殷希彭调任华北人民政府卫生部长……教育长张文奇担任北京市卫生局局长，刘和一副教育长担任河北省卫生厅厅长，刘璞教授调任天津市卫生局局长，陈郁任天津中央医院院长，余国器任山西医学院院长"[③]。华北大学工学院"根据华北企业部的指示，组建两个接管组赴北平接管有关院校。即北平中法大学接管组，组长为曾毅，副组长为谢祾，组员有史尔公、严沛然、匡吉、项杨等。北平国立高等工业学校接管组，组长为马恩沛、副组长为荣毅民，组员有范景波、张棣、杜玲、郝风占"[④]。

与此同时，新中国成立前后还有一些旧高校系合并式接管改

---

① 方亨 . 深切怀念林子明同志 [J]. 北京党史研究，1996（6）：54-57.

② 刘颖 . 北平军管会对清华大学的接管 [J]. 当代中国史研究，2010（7）：63-68.

③ 康克 . 我这一百年 [M]. 长春：吉林人民出版社，2008：169-170.

④ 刘朝兰 . 晋察冀边区工业专门学校史料 [M]. 北京：北京理工大学出版社，1995：19.

造，原党晋察冀高校或高校院系在其中发挥了主导作用。例如，华北大学第三部美术系与国立北平艺术专科学校，经中央人民政府批准，合并成立国立美术学院（现中央美术学院）①。华北大学第三部（除美术系外）与迁入北平的南京国立戏剧专科学校合并。1949 年 10 月，经中央批准正式开始筹备成立国立戏剧学院，后更名为中央戏剧学院②。华北大学音乐系与南京国立音乐学院、燕京大学音乐系在天津合并，定名中央音乐学院，1958 年迁至北京，留下部分师生和设备改建为天津音乐学院③。凡此种种，不一而足。可见，在新中国成立前后，原晋察冀边区各高校教职学员为中国共产党接管和改造旧高校作出了重要贡献，也为城市高等教育及其他接管工作的顺利开展奠定了坚实的基础。

　　总之，在晋察冀边区及后续的华北解放区，接管改造的高校创办模式主要分为两个时期，一是抗战胜利初期，二是新中国成立前后。接管改造日伪高校、原国统区旧高校，使之纳入党的领导下并注入红色血脉，成为新中国成立后高等教育的重要组成部分。

---

① 高洪等 . 百年美院　百年美育：中央美术学院校史图志（1918—2018）[M]. 长沙：湖南美术出版社，2019：304.
② 贾冀川 . 20 世纪中国现代戏剧教育史稿 [M]. 北京：中国戏剧出版社，2006：140.
③ 王金鼎 . 解放初期天津高等学校的接管与改革拾零 [A]. 中国人民政治协商会议天津市委员会文史资料研究委员会 . 天津文史资料选集（第 57 辑）[M]. 天津：天津人民出版社，1992：1–6.

（二）裁减撤销

裁减撤销是与接管改造并存的高校"创办"模式，之所以也将其归为创办模式之一，是因为裁减撤销不适合时代或不符合人民利益的伪高校、旧高校，才能为党的高等教育发展奠定更坚实的基础。在晋察冀边区，裁减撤销的伪高校主要包括原日伪培养职业官僚，即为奴化统治机构服务的专门学校。裁撤的日伪高校，有些是通过接管改造，将其纳入党领导的高等教育体系中，使其为我所用。如日伪在张家口设立的蒙疆中央医学院、铁路学院、交通学院，以及在宣化设立的工科实业学校等。有些则是彻底将其消灭，如日伪在张家口设立的兴蒙学院、中央警察学院（校）、蒙疆高等学院等。

日寇侵华期间，为了培养和训练维护其殖民统治的"工具"，建立了一整套奴化教育体系，并将奴化教育的重点置于初等教育，中等教育则着眼于实业。日寇虽未建立正式的高等教育体系，但代之以培养技术人员以利于其剥削压榨中国人民，或是直接培养为法西斯统治服务的"奴才"。这种教育类型在日伪方面称为"特殊教育"（与当代特殊教育并非同一概念），位于其奴化教育体系的顶端。张家口市作为日伪蒙疆政权首府期间，日伪在此建立了数所伪高校。

八路军接管张家口后，日伪建立的高校要么溃散废弃，要么处于无政府状态。晋察冀边区的接管干部对这些伪高校采取实事求是的态度，一些能够为边区建设和发展服务的学校就接收并加以改造，坚持思想政治教育，改变原有教职学员的思想观念。这类学校主要是一些理工农医类的学校，如日伪蒙疆中央医学院、交通学院、铁路学院等。一些纯粹为日寇殖民统治培植"爪牙"的所谓"高校"，如日伪中央警察学院（校）、蒙疆学院、蒙古高等学院、兴蒙学院等，则坚决予以取缔，将其裁减撤销，原校舍等要么作为新建高校的建设地址，要么为边区迁入高校或其他部门机构所接收。可以说，对日伪"高校"裁减撤销的过程，也为党领导的高等教育发展扫清了道路和充实了力量。。

总之，裁减撤销日伪高校是一种必要的方式，在很大程度上有助于党领导下的高等教育的进一步发展。裁撤日伪高校是晋察冀边区在抗战胜利后为党的高等教育发展创造条件的必要手段，历史和事实证明对培养训练日伪官吏的"高校"实施裁撤是完全正确的。

第四章　晋察冀边区高等教育的方针政策

　　方针是指引导某项事业前进的总目标和总方向，是一种纲领性的总体规划，对工作具有总体性的指导作用。梁启超称："认定方针，一贯以行之，必有能达其目的之时。"[①]政策主要是指国家等为实现一定的方针、路线而制定的一系列的行动方案和准则。教育方针就是指教育事业发展的总体纲领，"一般要标明教育的性质、指导思想、培养目标、教育原则、教育途径和方式方法"[②]。教育政策则是指为实现一定的教育方针而制定的教育方面的政策和措施。教育方针和政策二者之间紧密联系，相辅相成，共同为教育工作的发展指明方向和提出具体要求。晋察冀边区高等教育的方针政策，是党领导的文教工作总方针在晋察冀各高校的具体化，也是晋察冀边区教育方针政策在高等教育领域的实施，同时还吸

[①] 梁启超全集（第 1 册）[M]. 北京：北京出版社，1999：317.

[②] 王炳照. 传承与创新——从新民主主义教育方针到社会主义教育方针 [J]. 北京大学教育评论，2009（1）：70-82+190.

收和借鉴了以延安为中心的陕甘宁边区高等教育发展的方针政策。此外，党领导的高等教育与干部教育紧密联系，不仅包括培养专门人才的大学教育，也包括培养革命干部的干部教育。从这个意义上讲，晋察冀边区高等教育的方针政策不仅包括大学教育，也包括具有高等教育性质的干部教育。晋察冀边区高等教育方针政策，以中国共产党在革命战争年代的教育总方针、总政策为指导，以晋察冀边区教育建设与发展的具体方针政策为基础。

一、贯彻落实为抗战服务的教育方针

全面抗战爆发后，党的教育方针随即转向为全面抗战服务。与土地革命、大革命时期相比，党的教育方针发生了很大的变化。晋察冀边区创建于抗日战争的烽火岁月，在政治、经济、军事等方面坚持服务于抗战的同时，在文化教育方面也力求为抗战作出贡献。晋察冀边区为抗战服务的教育方针政策，是在充分学习和把握中国共产党教育总方针和总政策的基础上、充分考虑中国民主革命发展过程中的特殊性、根据边区所处的战略环境和文化教育历史渊源而制定的。[1] 这些教育方针政策对晋察冀边区的教育工作具有纲领性的指导意义，边区创办的各高校（在晋察冀边区创

---

[1] 张金辉.晋察冀解放区高等教育研究（1937—1949）[M].北京：中国言实出版社，2018：62-66.

建初期主要是干部教育的形式）根据党中央、晋察冀边区的教育方针政策，在办学过程中注重教育目标为抗战服务，在实际教学中大力培养抗日军政干部，以及服务抗日根据地建设与军事斗争的各类人才，为抗日战争储备、输送了大批革命干部和专业人才。

（一）党的教育方针转向为全面抗战服务

中国共产党历来将教育视为与政治、经济、文化建设等同等重要的工作。党在创立之初，就强调要"使文化普及于平民，发现真理、造就人才"[①]，提出应"养成健全的人格，涵涤不良的习惯，为革新社会的准备"[②]，并要求结合中国革命的实际，培养改造社会的人才。土地革命时期，中国共产党在农村革命根据地教育实践过程中，总结出教育为"革命战争服务、阶级斗争服务、为工农大众服务"以及与生产生活紧密联系，反帝反封建和取消反动教育内容的总体方针。1931年11月党在《中华苏维埃共和国第一次全国工农兵代表大会宣言》中提出："工农劳苦群众，不论男子和女子，在社会、经济、政治和教育上，完全享有同等的权利和义务……一切工农劳苦群众及其子弟，有享受国家免费教育之权。教育事业之权归苏维埃掌管，取消一切麻醉人民的、封建

---

① 廖盖隆等．毛泽东百科全书 [M]．北京：光明日报出版社，1993：210．
② 中共一大会址纪念馆．中共一大代表早期文稿选编（1917.11—1923.7）（上）[M]．上海：上海人民出版社，2011：963．

的、宗教的和国民党的三民主义的教育。"①在大会通过的《中华苏
维埃共和国宪法大纲》中，不仅再此强调保障工农的受教育权利，
还提出"在进行国内革命战争所能做到的范围内，应开始施行完
全免费的普及教育，首先应在青年劳动群众中施行并保障青年劳
动群众的一切权利，积极地引导他们参加政治和文化的革命生活，
以发展新的社会力量"②。1934 年 1 月，毛泽东同志在中华苏维埃
第二次全国代表大会上再次重申，中华苏维埃共和国文化教育的
总方针"在于以共产主义的精神来教育广大的劳苦民众，在于使
文化教育为革命战争与阶级斗争服务，在于使教育与劳动联系起
来，在于使广大民众都成为享受文明幸福的人"③。这些土地革命时
期的教育方针，为全面抗战爆发后教育方针政策的发展奠定了理
论基础。

　　抗日战争时期，党的教育方针逐步转向为抗战服务。早在全
面抗战爆发前，党就提出了实行抗战教育方针，"总体精神是文化
教育应为全面持久的抗日战争服务，培养大批的抗日干部，提高
人民的民族文化和民族觉悟，以民族精神教育新后代"④。全面抗

---

① 张挚等 . 中央苏区教育史料汇编（上）[M]. 南京：南京大学出版社，2016：3.
② 中央教育科学研究所 . 老解放区教育资料（一）土地革命战争时期 [M]. 北京：教育
　科学出版社，1981：28.
③ 王炳照 . 传承与创新——从新民主主义教育方针到社会主义教育方针 [J]. 北京大学教
　育评论，2009（1）：70-82+190.
④ 杨天平，黄宝春 . 中国共产党教育方针 90 年发展研究 [M]. 重庆：重庆大学出版社，
　2015：39.

战爆发后，为团结一切力量反抗日本帝国主义侵略中国，中国共产党根据"一切为着前线，一切为着打倒日本侵略者和解放中国人民"的总方针，制定了"实行抗战的教育方针，提倡国防教育，实行文化教育工作中的统一战线政策，实行教育与生产劳动相结合，大力发展工农群众的教育"[1]，"国防教育就是抗日的教育"[2]。1937年7月26日，《解放》周刊发表毛泽东同志的文章《反对日本进攻的方针、办法和前途》。其中文化教育方面提出："根本改革过去的教育方针和教育制度。不急之务和不合理的办法，一概废弃。新闻纸、出版事业、电影、戏剧、文艺，一切使合于国防的利益。禁止汉奸的宣传。"[3]1938年8月洛川会议通过的《抗日救国十大纲领》中提出"改变教育的旧制度、旧课程，实行以抗日救国为目的的新制度、新课程，实行普及的、义务的、免费的教育方案，提高人民民族觉悟的程度"[4]，以及"实行全国学生的武装训练"[5]，"以提高和普及人民大众的抗日的知识技能"[6]。

抗战进入相持阶段后，毛泽东同志在中共扩大的六届六中全会上作的《论新阶段》报告中指出："伟大的抗战必须有伟大的抗

① 郑登云. 中国近代教育史 [M]. 上海：华东师范大学出版社，1994：433.
② 刘宪曾，刘端棻. 陕甘宁边区教育史 [M]. 西安：陕西人民出版社，1994：17.
③ 毛泽东选集（第2卷）[M]. 北京：人民出版社，1991：348.
④ 毛泽东选集（第2卷）[M]. 北京：人民出版社，1991：356.
⑤ 毛泽东选集（第2卷）[M]. 北京：人民出版社，1991：356.
⑥ 毛泽东选集（第2卷）[M]. 北京：人民出版社，1991：768.

战教育运动与之相配合，二者间的不配合现象亟应免除"①，他还对抗战时期的教育政策进行了具体的论述，要求"在一切为着战争的原则下，一切文化教育事业均应使之适合战争的需要……实行如下各项的文化教育政策。第一，改订学制，废除不急需与不必要的课程，改变管理制度，以教授战争所必需之课程及发扬学生的学习积极性为原则。第二，创办并扩大增强各种干部学校，培养大批的抗日干部。第三，广泛发展民众教育，组织各种补习学校、识字运动、戏剧运动、歌咏运动、体育运动，创办敌前敌后各种地方通俗报纸，提高人民的民族文化与民族觉悟。第四，办理义务的小学教育，以民族精神教育新后代"②。同时，毛泽东同志在报告中强调：抗日战争的新阶段同时是抗日民族统一战线发展的新阶段，要求实施统一战线的方针，吸收知识分子加入抗日队伍。1939 年 12 月，毛泽东同志发出《大量吸收知识分子》的指示，提出"在长期的和残酷的民族解放战争中，在建立新中国的伟大斗争中，共产党必须善于吸收知识分子，才能组织伟大的抗战力量……没有知识分子的参加，革命的胜利是不可能的"③，号召"各抗日根据地要广泛吸收知识分子参加到军队、政府和学校工作中来，教育他们为抗战、为人民服务"④。各根据地按照毛泽东同志

---

① 毛泽东同志论教育工作 [M]. 北京：人民教育出版社，1992：49.
② 毛泽东同志论教育工作 [M]. 北京：人民教育出版社，1992：48.
③ 人民教育出版社. 毛泽东选集 [M]. 北京：人民出版社，1966：611.
④ 毛泽东同志论教育工作 [M]. 北京：人民教育出版社，1958：33.

和党中央的要求，制定了知识分子政策，广泛吸收知识分子参加抗战。吸收知识分子参加抗战，不仅是统一战线的必然要求，也为"教育为抗战服务"奠定了人才基础。

总之，全面抗战爆发后，党的教育方针政策转变为服务于抗战，实行抗战教育方针。具体的要求是进行国防教育，在文化教育中实行统一战线政策，要求"共产党必须善于吸收知识分子，才能组织伟大的抗战力量，组织千百万农民群众，发展革命的文化运动和发展革命的统一战线"①。大量知识分子参加抗日工作，为党的干部培养、教育事业的发展提供了诸多帮助。

（二）晋察冀为抗战服务教育方针的制定

晋察冀边区继承和延续了党的教育方针政策，积极吸纳其精髓和核心要求，并随着抗战局势的变化，结合中央相关文件精神，先后颁布多部教育政策法规，对边区教育进行领导和调控的同时，也对边区教育实践活动进行具体指导。晋察冀边区初建不久，即于1938年1月召开了军政民代表大会并通过了决议案，其中的文化教育决议案规定了边区教育工作的基本原则和工作计划。

边区教育工作的基本原则是："（一）发挥高度的民族精神，加强抗战力量。（二）培养健全的军事、政治干部，领导抗战。（三）造就专门技术人才，建立抗战时期各种事业。（四）培养热

---

① 毛泽东选集（第2卷）[M]. 北京：人民出版社，1991：618.

烈的新青年，扩大民族革命的基础势力。（五）提高一般民众的文化水准，并增进他们的健康。"①

工作计划包括两个方面，一是整顿学校教育，二是扩大民众教育。整顿学校教育计划包括："1.恢复乡（村）镇的初级小学和高级小学，一律于春季开学；学生男女兼收。并于可能范围，设立幼稚园。2.编订各种救亡读物与教材——（1）将小学的课本重行编订，主要的使内容适应抗战。（2）编订大众的初级读物。（3）编订各种革命丛书。3.检定小学教师——重行检定小学教师，其认识不足，程度过低者，加以训练。4.筹划教育经费——（1）乡（村）镇小学校经费，重行整理。（2）旧有义田及祭田等类似之收入，可提作学款。（3）旧无款的，由乡（村）摊起者，由乡村合理负担摊起。（4）新创学校，经费另算。（5）小学完全免费。（6）教员待遇，由各县政府就各县生活情形，斟酌规定。5.改变学生生活及课程编制——（1）废除旧有形式主义的编制，采取军事化。（2）添授新文字。（3）组织儿童团，歌咏队等，做实际活动。（4）实行小先生教育制。"②扩大民众教育计划包括："1.普遍地设立民众教育机关——（1）建立农、工、妇女等各种补习学校、识字班、夜校等。（2）创立通俗图书馆、书报社、讲演所等。2.加紧民众宣传——（1）广

---

① 河北省社会科学院历史研究所.晋察冀抗日根据地史料选编（上）[M].石家庄：河北人民出版社，1983：21.

② 王谦.晋察冀边区教育资料选编（教育方针政策分册）（上）[M].石家庄：河北教育出版社，1990：1-2.

泛地组织宣传团，游动教育团等，经常到乡村宣传指导。（2）组织歌剧社、鼓书社等；并将旧剧班改良加演新剧。3.提高民众娱乐及健康——（1）提倡并奖励各种运动。（2）提倡并奖励各种武术。（3）提倡农村各种娱乐，设俱乐部等。4.扩大干部教育——（1）广泛地设立各种干部训练班、短期学校等，造就干部人才。（2）将旧有军政人员，登记训练，使之参加救亡工作。5.举办特种技术人才训练——（1）举办技术人才总登记。（2）开设各种技术训练班、讲习所等。6.筹办边区日刊。"[①]

1939年3月，《抗敌报》发表的社论文章《怎样加强教育训练工作》指出："首先要开展群众教育工作……其次，要增设与扩大各种干部训练班，以培养大批的军队、政权、群众工作干部。第三，各群众团体的干部都应结合本部门的工作，接受适当的教育训练，以便使工作获得更大的成效。第四，要与实际斗争相联系。从实际斗争中去学习。第五，要开办技术人员训练学校。第六，要求强军事教育。"[②]1939年10月，晋察冀边区军政民大会决议再次强调文化教育方针："（1）建立正确的抗战理论，提高民族意识。（2）粉碎敌人奴化教育政策，肃清汉奸倾向的言论。（3）提高民

---

① 王谦.晋察冀边区教育资料选编（教育方针政策分册）（上）[M].石家庄：河北教育出版社，1990：2—3.

② 皇甫束玉等.中国革命根据地教育纪事（1927.8—1949.9）[M].北京：教育科学出版社，1989：151.

众抗战胜利的信心与民众觉悟的程度，使自动地参加抗战。"①

晋察冀边区军政民代表大会决议案中提出的文教方针政策，是边区政府根据晋察冀边区处于华北抗战最前线的特殊战略地位，以及边区内原有教育基础和严重奴化教育状况，结合中共中央文教总方针，制定的符合晋察冀边区实际的文教方针政策。此阶段，晋察冀边区教育方针政策的制定，注重教育为抗战服务，强调提高民族意识，主张开展多种形式的教育。根据决议案中的文教方针政策，边区文教工作迅速恢复，并进行了适当的调整和改造。晋察冀边区"教育工作不是一个旧的继续，而是一个新的创造"②。

首先，秉承除旧布新观念，在边区实施成人教育先于儿童教育的方针。晋察冀边区不仅着力恢复和扩大了原有学校，还广泛创办民众教育机关，开展了最广泛的、受众人数最多的社会教育。边区政府先后颁布了《扫除文盲办法》《边区社会教育实施办法》等，开创了"冬学"这一社会教育形式，广筹经费创办了补习学校、识字班、夜校、通俗图书馆、书报社和讲演所等，组织了宣教团、歌剧社和鼓书社等民众教育机关，开展民众教育和宣传工作。"晋察冀边区的冬学一般是每年的10月或11月开始，明年的1、2月结束。边区政府利用这一段时间组织农民学政治、学文化，

① 董纯才等.中国革命根据地教育史（第二卷）[M].北京：教育科学出版社，1991：349.

② 李公朴.华北敌后——晋察冀[M].北京：生活·读书·新知三联书店，1979：137.

自 1938 年冬开展第一次冬学以来，虽每年的任务有所不同，但冬学都有新发展。"[1]据统计，1939 年仅冀中 27 个县的冬学就"由 2947 处增加到 5188 处，人数由 69826 人增加到 331621 人。相当于 1938 年的 5 倍"[2]。晋察冀边区的社会教育广泛教育和唤醒民众，充分组织和发动群众，"实现了抗战救国必先唤醒民众，组织群众和依靠群众的要求，使教育与人民群众的生活实际和社会发展的需求相结合"[3]。

其次，高度重视干部教育，创办了各种干部训练班、专门技术人才训练班和干部学校，为革命战争和边区建设培养急需的干部和专门技术人才。晋察冀边区早期创办的训练班主要有晋察冀军区卫生部医务训练班。1938 年 1 月，晋察冀军区卫生部在山西省五台县河北村举办了医务训练班，培训医务工作者，先招收护士班和调剂班，7 月开始招收军医班，学习期限分别为 3 个月、6 个月和 10 个月。早期在晋察冀边区办学和创立的干部学校主要有定襄学院、晋察冀军政干部学校、蒙藏学院、河北抗战学院、抗日军政大学二分校、抗战建国学院和华北联合大学等，这些学校为抗日战争和根据地建设培养了大批紧缺人才。

---

① 董纯才等.中国革命根据地教育史（第二卷）[M].北京：教育科学出版社，1991：370.
② 董纯才等.中国革命根据地教育史（第二卷）[M].北京：教育科学出版社，1991：370.
③ 李公朴.华北敌后——晋察冀[M].北京：生活·读书·新知三联书店，1979：138.

（三）高校贯彻落实为抗战服务教育方针

为贯彻党中央为抗战服务的教育方针，晋察冀边区制定了相应政策措施，广泛开设军政干校和各类训练班，培养抗战人才。

1937 年 12 月 25 日，晋察冀军区在阜平县开办军政干部学校，招收从部队选拔的优秀战士和初级干部，以及河北和平津的青年学生，进行军事、政治教育，培养抗战人才。1938 年 1 月，晋察冀边区军政民代表大会决议案确立了培养抗战干部、造就专门技术人才的总体文教计划，边区着手开办各种技术训练班和讲习所。晋察冀军区卫生部率先在山西五台县河北村创办医务训练队，之后在白求恩的帮助下开始筹建医务学校。1939 年 9 月 18 日，以医务训练队为基础的晋察冀军区卫生学校（1940 年改称白求恩学校）在河北唐县牛儿沟村正式成立，招收军医、调剂和护士 3 个教学班，学制分别为一年半、一年和半年。学校还附设一个附属医院，作为学员的实习基地，以培养抗日战争所急需的医务人员。1939 年 9 月，晋察冀边区行政委员会创办了一所新型的高等学府——抗战建国学院（一说李公朴率领抗战建国教导团到边区后协助创建①），招收合作、税收和区政助理三个系，后又增设银行系，开设政治、军事和技术三方面的课程，以训练边区各级政权干部为

---

① 教育大辞典编纂委员会编.教育大辞典（第3卷）[M].上海：上海教育出版社，1991：444.

晋察冀边区高等教育的历史经验研究

目的。抗战建国学院"是一所崭新型的学校，是一座全部实施抗战建国教育的学府"①。

晋察冀军政干部学校、晋察冀卫生学校和抗战建国学院均是晋察冀边区根据抗战工作需要，贯彻落实党中央和晋察冀边区为抗战服务的教育方针，自主创办的具有高等教育性质的干部学校。抗战建国学院创办之时即分为高、初两级，其中"高级的学生，多是高中、大学程度的和小学教师，各机关职员"②，是"晋察冀边区政府所缔造的边区最高学府"③。晋察冀军政干部学校和晋察冀卫生学校创建伊始，主要进行短期的干部训练和医疗技术人才的培养，以适应抗战初期边区急缺干部的现实情况，后逐步正规化办学，逐渐发展成为高等学校。

同时，为贯彻落实为抗战服务的教育方针，在抗日实际斗争中培养学员，晋察冀边区还迁驻两所高校，即抗大二分校和华北联大。1938年底，为更好地适应抗战环境、吸收前线丰富的战斗经验和便利敌后广大青年就学，中共中央决定在敌后建立抗日军政大学分校。1938年12月13日，抗日军政大学召开关于学校建制改变的动员大会，正式宣布建立分校的计划，分别任命陈伯钧和邵式平为抗大二分校的校长和副校长。抗大二分校由抗大"第

① 李公朴.华北敌后——晋察冀[M].北京：生活·读书·新知三联书店，1979：147.
② 王谦.晋察冀边区教育资料选编（教育方针政策分册）（上）[M].石家庄：河北教育出版社，1990：57.
③ 李公朴.华北敌后——晋察冀[M].北京：生活·读书·新知三联书店，1979：14.

7大队和第1大队第1支队全部以及2、3、4大队一部以及陕北公学旬邑分校、中央组织部训练班各一部组成"①。12月22日，抗大二分校师生在陈伯钧和邵式平的带领下，分别从延安和关中奔赴晋察冀办学。1939年3月，抗大二分校在河北省灵寿县陈庄开学，执行抗大的"坚定不移的政治方向，艰苦奋斗的工作作风，加上机动灵活的战略战术，便一定能够驱逐日本帝国主义，建立自由解放的新中国"②的教育方针。1943年2月，奉中共中央军委命，抗大二分校返回陕北回归总校建制。"二分校在晋察冀边区坚持办学4年多，先后培养了两万多名干部。"③华北联大是1939年7月7日在延安成立的，学校由陕北公学、鲁迅艺术学院、延安工人学校、安吴堡青年训练班的多数师生员工组成。"华北联合大学的教育方针和目的是：第一，为抗日战争，为建设根据地的政治、经济、文化、教育、生产而培养干部。第二，理论与实际相结合，学以致用。第三，采取少而精和通俗易懂的原则，以适应学期仅有半年到一年的时间。"④学校成立后，响应党中央的号召立即从延

---

① 皇甫束玉等.中国革命根据地教育纪事（1927.8—1949.9）[M].北京：教育科学出版社，1989：145.

② 姚宏杰，宋荐戈.中国革命根据地教育史事日志[M].济南：山东教育出版社，2020：232.

③ 皇甫束玉等.中国革命根据地教育纪事（1927.8—1949.9）[M].北京：教育科学出版社，1989：145.

④ 张金辉.晋察冀解放区高等教育研究（1937—1949）[M].北京：中国言实出版社，2018：65.

安出发开赴华北敌后办学，于1939年9月底到达晋察冀边区的河北省灵寿县陈庄附近，经晋察冀军区领导聂荣臻等申请，中共中央同意将华北联大留在晋察冀办学，直至1948年与晋冀鲁豫边区所属北方大学合并。

抗大二分校和华北联大的迁驻，均是为了实现教育为抗战服务的总方针。两高校在晋察冀开办以后，根据抗战建国的实际需要，灵活设置军事、政治、经济、文化、教育等专业和课程，并注重在抗战实际战斗中学习，对学员实行军事化训练，培养抗战建国干部和专门人才。晋察冀边区高等教育的具体政策措施：一方面，贯彻落实教育为抗战服务的方针政策，实施国防教育，采取灵活机动的管理和军事化的作风，将军事训练作为高校学生的主要课程和必修课程之一；另一方面，让学员在战斗的环境中学习，帮助学员更好、更快地适应抗战的艰苦环境，提高学员的实际工作能力，使教育与生活实际紧密结合。可以说，晋察冀边区高等教育的方针政策始终强调贯彻落实党中央的抗战教育总方针，同时注重联系本地区的工作实际，在战斗和生活中对学员进行教育，强调教育与实际生活打成一片，学习与实际生活密切联系，使学生的理论与实践相统一。

综上所述，晋察冀边区教育方针是以党的教育总方针政策为依据和指导的，是党在长期领导的教育实践工作过程中积累和摸索得来的，是党综合考虑全面抗战对抗战建国人才的需求和晋察冀边区的特殊战略地位等诸多因素而制定的。为抗战服务的教育方针，是抗战初期党中央提出的根本教育方针，晋察冀边区作为华北抗战前沿和模范抗日根据地，在文教方面坚决贯彻并落实抗战教育的方针政策，实现教育为抗日战争服务。晋察冀边区高等教育的方针政策，同样是以为抗战服务作为中心目标。如李公朴所讲："教育永远不会超社会而存在。今天的教育无论如何是和抗战建国分割不开的。更重要的抗战建国就是百年树人的大计中的核心。晋察冀的教育工作就是在这一个伟大的目标下，于实践工作的配合中日渐进展的。"①

二、新民主主义教育方针的初步探索

新民主主义教育方针的探索并非对"教育为抗战服务"方针的改变或是否定，而是进一步完善和开拓。新民主主义教育既坚持国防教育，又坚持抗日民族统一战线教育，还融入了社会主义教育的重要内容。自毛泽东同志的《新民主主义论》发表以后，新民主主义教育方针即在晋察冀边区推行与实践，逐步发展为干部教育与社会教育并重，初等、中等、高等教育齐备，符合中华民族特性、具有科学性且大众化的教育模式。至抗战胜利，在新

---

① 李公朴.华北敌后——晋察冀 [M].北京：生活·读书·新知三联书店，1979：140.

民主主义教育方针的探索过程中，晋察冀边区积累了宝贵的经验，为解放战争中新民主主义教育方针的贯彻执行奠定了基础。就高等教育而言，边区各高校是新民主主义教育方针探索的主阵地，民族的、科学的、大众的教育在各高校逐步凸显，成效卓著。

（一）新民主主义教育方针的提出与发展

1940 年 1 月，毛泽东同志发表《新民主主义论》，深刻阐述了中国新民主主义革命的理论、纲领和政策，确立了新民主主义政治、经济、文化方针。其中，文化方针即"民族的科学的大众的文化，就是人民大众反帝反封建的文化，就是新民主主义的文化，就是中华民族的新文化"[①]。作为人类文化传承的重要途径，教育是人类社会中最为基本的文化活动之一。因此，在教育领域实施民族的、科学的和大众的教育，将新民主主义文化方针贯彻至教育领域，既符合抗战的需要，也是党的教育思想的理论升华。

毛泽东同志指出："所谓新民主主义的文化，就是人民大众反帝反封建的文化；在今日，就是抗日统一战线的文化。"[②] "我们应当努力在工人阶级中宣传社会主义和共产主义，并适当地有步骤地用社会主义教育农民及其他群众。但整个的国民文化，现在也还不是社会主义的。"可以说，"新民主主义文化教育并不否定国

---

① 毛泽东选集（第 2 卷）[M]. 北京：人民出版社，1991：708-709.
② 毛泽东选集（第 2 卷）[M]. 北京：人民出版社，1991：698.

防教育，而是包括了国防教育。新民主主义的文化教育纲领是整个民主革命时期文化教育的总纲领"①。

因此，新民主主义教育方针，即实施民族的、科学的和大众的文化教育。所谓"民族的"就是带有自己的民族特性和尊严的、反对帝国主义压迫的、革命的民族文化。毛泽东同志强调，新民主主义文化应该"同一切别的民族的社会主义文化和新民主主义文化相联合，建立互相吸收和互相发展的关系，共同形成世界的新文化；但是决不能和任何别的民族的帝国主义反动文化相联合"②，主张坚决地同帝国主义在中国建立和推行的奴化教育及殖民主义文化宣传作斗争。所谓"科学的"，是指新民主主义文化是"反对一切封建思想和迷信思想，主张实事求是，主张客观真理，主张理论和实践一致的"③。毛泽东同志强调："对于人民群众和青年学生，主要地不是要引导他们向后看，而是要引导他们向前看。"④他主张抗日战争中的文化教育工作应实事求是，从实际出发，特别是从抗日战争的实际出发，教育人民群众和青年学生同一切封建的、不切实际的文化教育作斗争。所谓大众的，是指新民主主义"应为全民族中百分之九十以上的工农劳苦民众服务，

---

① 刘宪曾，刘端棻.陕甘宁边区教育史 [M].西安：陕西人民出版社，1994：17.
② 毛泽东选集（第2卷）[M].北京：人民出版社，1991：706.
③ 毛泽东选集（第2卷）[M].北京：人民出版社，1991：707.
④ 毛泽东选集（第2卷）[M].北京：人民出版社，1991：707.

并逐渐成为他们的文化"①。毛泽东同志重视文化教育在革命工作中的重要作用，强调"革命文化，对于人民大众，是革命的有力武器。革命文化，在革命前，是革命的思想准备；在革命中，是革命总战线中的一条必要和重要的战线"②，主张在抗战的文教工作中应该把"教育革命干部的知识和教育革命大众的知识在程度上互相区别又互相联结起来，把提高和普及互相区别又互相联结起来"③。他主张不仅要普及学校教育、广泛发展社会教育，还要进行干部教育，着力发展大学和专门技术教育。

自新民主主义教育方针提出后，新民主主义教育体系和教育制度逐步建立，并对抗战时期的文教工作产生了重要的指导作用。党领导下的各抗日民主革命根据地，在根据新民主主义教育方针指导下开展教育工作，一系列行之有效的教育方针政策，都是新民主主义教育方针的具体化。

（二）新民主主义教育方针在晋察冀落地

晋察冀边区作为模范抗日根据地，坚决执行新民主主义教育方针。一是坚持教育工作的民族性，实施抗日民族统一战线教育，与奴化教育作斗争；二是坚持教育工作的科学性，包括教育内容

---

① 毛泽东选集（第 2 卷）[M]. 北京：人民出版社，1991：708.

② 毛泽东选集（第 2 卷）[M]. 北京：人民出版社，1991：708.

③ 毛泽东选集（第 2 卷）[M]. 北京：人民出版社，1991：708.

与方式的科学性，反对封建主义思想，强化群众的科学意识；三是坚持教育工作的大众化，扩大小学规模，培养小学师资，并坚持社会教育与冬学运动，在大众化的过程中贯彻民族性与科学性。

1940年1月，晋察冀边区党委发布《关于目前各地干部教育的决定》，根据边区的实际情况对干部教育做了具体规定。

1940年4月，中共中央北方分局（代表中共中央领导晋察冀边区工作的机关）发出《关于国民教育的指示》，明确提出："确定国民教育的基本内容是新民主主义的教育，即是以马列主义的理论与方法为出发点的关于民族民主革命的教育与科学的教育"①，要求加强党对国民教育的领导，主张建立各级各类教育管理机构和教育团体，来加强和规范对国民教育的管理。同时《关于国民教育的指示》强调了国民教育在坚持抗战中的重要作用，指出"开展国民教育，是培养革命干部与知识分子，动员群众参加与坚持抗战的重要环节。各地党的领导机关，各地宣传教育部，必须把这个工作当做中心任务之一"②。《关于国民教育的指示》对学校教育和社会教育作出了具体部署，要求继续建立各种形式的文教活动中心和识字班，开展各种形式的民众教育活动，并要求在

---

① 河北省社会科学院历史研究所.晋察冀抗日根据地史料选编（上册）[M].石家庄：河北人民出版社，1983：248.
② 河北省社会科学院历史研究所.晋察冀抗日根据地史料选编（上）[M].石家庄：河北人民出版社，1983：247.

"每县的中心市镇设立民众教育馆，成为社教的模范"①。

1941 年，晋察冀边区行政委员会"强调教育对巩固根据地发挥基础性的长期作用。由此提出学校教育正规化的问题"②。1 月，《晋察冀日报》发表《晋察冀边区行政委员会成立三周年告全边区同胞书》，发出"普及教育，肃清文盲，建设边区文化"的倡议，指出"要使边区成为新中国的模范，必须有文化教育建设，没有普遍的文化教育建设，各项工作的进展是要受限制的，我们必须使文化教育建设与政治、经济的建设相适应"③，"号召全边区的教育职业者，有系统有计划地编写各种教材、教学法和参考书"④，提出了对文教工作者的奖励政策，并对大中小学校教育以及社会教育均提出了具体的要求，提出要创建正规大学。11 月，晋察冀边区行政委员会颁布《民国卅年冬学运动实施大纲》，加强对边区冬学运动的指导和管理，并责令晋察冀边区军、民、学各界协助驻地开展冬学工作。以华北联大为代表的高等学校，在这一年将"部系队"改为"院系"，开始进行正规化建设高校的初步探索。

---

① 河北省社会科学院历史研究所.晋察冀抗日根据地史料选编（上）[M].石家庄：河北人民出版社，1983：248.

② 崔相录.东方教育的崛起——毛泽东教育思想与中国教育 70 年 [M].开封：河南教育出版社，1993：142.

③ 晋察冀边区行政委员会成立三周年告全边区同胞书 [N].晋察冀日报，1941-1-18（1）.

④ 董纯才等.中国革命根据地教育史（第二卷）[M].北京：教育科学出版社，1991：351.

1942年以后，由于敌人的经济封锁和疯狂扫荡，晋察冀边区面临极端困难，辖区范围日渐缩小，人口锐减，学校教育遭到严重破坏，学校数量骤减，许多校舍被敌人摧毁和破坏，许多抗日师生被杀害。面对极其残酷的战争环境，晋察冀边区行政委员会和各辖区精简教育机构，提高教育质量，加强抗战教育。1943年3月，晋察冀边区行政委员会发布《民国三十二年文化教育的方针与任务》，提出"加强整顿基本区教育工作，坚持与开辟游击区、近敌区教育工作，从政治上、思想上动员全区人民，坚定克服困难的决心和争取胜利的信心，粉碎敌伪的奴化教育、反动宣传和一切阴谋措施，广泛团结抗日知识分子，积蓄力量，准备迎接新时期的到来"①，并对教育领导、教材出版、师资培养、教学改革等方面做出了具体的规定，还对粉碎奴化教育、从事生产教育等提出了具体要求。在异常艰难的环境下，晋察冀边区教育坚持新民主主义教育方针，在教育与生产生活相结合方面取得了重大进步②。

1944年中国战场逐步转入战略反攻阶段，随着根据地形势的好转，晋察冀边区的教育也迅速恢复。"在此基础上，学校教育的教育方针、教学内容、办学形式等的政策工作被提到议事日程上

---

① 崔相录.东方教育的崛起——毛泽东教育思想与中国教育70年[M].开封：河南教育出版社，1993：148.
② 张金辉.晋察冀解放区高等教育研究（1937—1949）[M].北京：中国言实出版社，2018：58.

来，同时发展社会教育、干部教育，以及建设正规化的中学、师范和学院，用以培养扩大后的根据地的干部与技术人员的教育问题，成为边区教育政策研究和制定的中心课题。"[1] 1 月，中共晋察冀分局发布《关于 1944 年工作方针及任务指示》，指出"时事教育是党的最实际而具体的阶级教育，与党的各种政策，密切联系……它是阶级教育的很好的办法"[2]，将时事教育与阶级教育相联系，并要求强化时事教育。4 月，晋察冀边区召开各专区、各县教育科长、督学、中学校长会议。边区教育处长刘皑风在报告中提出，晋察冀边区教育工作新的总方针和任务是"积极开展与建设游击区教育工作，加强对敌政策攻势，提高新民主主义教育的效能，进一步为群众服务，为政治服务。普遍加强和深化生产教育，反法西斯与民主教育和文化教育，使教育工作和其他形式的斗争结合起来"[3]，并提出"今后教育工作的主要任务是：加强生产教育，把国民教育和大生产运动结合起来；深入开展反法西斯教育和生产教育；开展和建设游击区的教育工作，加强对敌的政治

---

① 崔相录.东方教育的崛起——毛泽东教育思想与中国教育 70 年 [M]. 开封：河南教育出版社，1993：153.
② 河北省社会科学院历史研究所.晋察冀抗日根据地史料选编（下册）[M]. 石家庄：河北人民出版社，1983：407.
③ 崔相录.东方教育的崛起——毛泽东教育思想与中国教育 70 年 [M]. 开封：河南教育出版社，1993：154.

攻势"①。此后，晋察冀边区又陆续颁布《关于根据地普通教育的改革问题》《关于研究与试行"民办公助"小学的指示》《关于冬学运动的指示》《关于华北联大教育学院的决定》和《关于有计划地大批提拔培养干部的决定》等，对中小学教育、社会教育、干部教育以及高等教育作出了具体规定。

（三）各高校对新民主主义教育方针的探索

为贯彻新民主主义教育方针，执行抗日民族统一战线及知识分子政策，1940年8月，中共中央北方分局在《晋察冀目前施政纲领》中提出建立并改进大学及专门教育，加强自然科学教育；优待科学家及专门学者和保护知识青年，扶持沦陷区流亡学生，教育和改造知识分子，吸收一切抗日知识分子，并分配适当的工作等文教方面的政策措施②。晋察冀边区各高校纷纷改革学校建制，加强正规化教育管理。在贯彻新民主主义教育方针的同时，加强军事化训练，实现教育为长期抗战服务的目的。为培养抗战建国的高级干部和专门人才，各高校抓紧时间发展壮大，扩大办学规模，延长学习年限，调整课程结构和比例，进行初步正规化办学的探索。

---

① 皇甫束玉等 . 中国革命根据地教育纪事（1927.8—1949.9）[M]. 北京：教育科学出版社，1989：265.

② 河北省社会科学院历史研究所 . 晋察冀抗日根据地史料选编（下册）[M]. 石家庄：河北人民出版社，1983：364.

其间，华北联大"将原有的社会科学部、文学部、师范部、工人部改为社会科学院、文艺学院、教育学院、工学院。各院除原有的专修科外，增设本科及预科……并将修业年限延长，大学本科三年到四年，预科一年，专修科半年"[①]。后因战争环境对干部和人才急需等具体原因，华北联大的"学习期限延长为一年至两年"[②]。但相比抗战初期"学习期限一般为四个月至六个月"而言，华北联大的办学性质已经开始从短期训练班向正规高等教育转变。同时，白求恩学校在原来的一年半学制的军医班基础上，成立了高级军医班，学制两年，以为部队培养一批具有较高理论水平和技术水平的医疗骨干人才为目标。晋察冀边区其他高校也分别采取不同方式逐步改进大学和专门教育。抗大二分校增加了文化教育的比重，抗战建国学院并入华北联大社会科学院，组成法政学院。华北联大还吸收了晋察冀边区的群众干校，并以其为基础成立了华北联大群众工作部。

1941 年下半年，晋察冀边区战争不断、局势紧张，条件极为艰苦。各高校根据党中央的指示，从实际出发，保存实力，压缩办学规模。特别是 1942 年至 1943 年，为响应党中央的号召，晋察冀边区实行"紧缩""重质不重量"的方针，各高校开展了精兵简政，缩简了学校建制。同时，通过开展整风运动，让学员在思

① 华北联合大学发展的新时期 [N]. 晋察冀日报，1940-12-20（4）.
② 曲士培. 抗日战争时期解放区高等教育 [M]. 北京：北京大学出版社，2005：114.

想上受到了深刻的洗礼，更坚定了学员的革命意志和抗战必胜的信心。1942 年 2 月，中共中央发出《关于在职干部教育的决定》，称 "在目前条件下，干部教育工作，在全部教育工作中的比重，应该是第一位的。而在职干部教育工作，在全部干部教育工作中的比重，又应该是第一位的"①。由此，在抗战胜利前，晋察冀边区各高校基本转型为干部学校。如《关于华北联大教育学院的决定》指出："联大教育学院的性质，确定为干部学校，负责提高与培养初中级党政军民的干部及技术干部，且以提高现任干部为主。教育方针以提高干部文化为主，并根据今天敌后战时农村的社会环境（坚持抗战准备反攻）和新民主主义社会建设的需要，贯彻学以致用，理论和实践密切联系的原则培养干部（为抗战）为新民主主义社会建设事业服务，为群众服务的品质及必要的技能。"②

　　在新民主主义教育方针初步探索这一阶段，晋察冀边区贯彻新民主主义教育方针总要求，执行统一战线和知识分子政策，提出建立并改进大学和专门学校的高等教育政策要求。据此，各高校普遍开展了正规化办学的初步尝试，改进课程与教学内容，提高教育质量，努力扩大办学规模，广泛招收爱国青年和进步知识分子进行抗战建国教育。晋察冀边区高等教育在正规化过程中，

---

① 董纯才等.中国革命根据地教育史（第二卷）[M].北京：教育科学出版社，1991：106.
② 关于华北联大教育学院的决定（1944.12.12）[A].晋察冀边区阜平县红色档案丛书编委会.晋察冀边区法律法规文件汇编（上）[M].北京：中共党史出版社，2017：204.

"不仅能够帮助华北军政民各界培养大批的今日所急需的干部，而且能够培养大批的建国人才。这就有利于华北的抗日知识分子更高地锻炼自己。这就用事实告诉了那些'教育专家'们，在敌后方不仅能够办大学，而且能够办完全大学"[1]。"过去的事实证明了：二十几年的大学教育没有给民族国家什么贡献，而新民主主义教育却给我们国家贡献了无数英勇的战士，将来的事实也必然这样证明。"[2] 因此，新民主主义教育"是一条新道路，是伟大的中华民族的大学教育的唯一正确道路……给新中国的大学教育创造一个榜样！"[3] 当然，随着客观形势的变化，各高校又以干部教育为工作重点，培养为新民主主义建设事业服务的各类干部。这一转变体现了晋察冀边区高等教育的方针政策很好地把握了教育和政治、经济的关系，以及干部教育和国民教育的关系，符合新民主主义教育的基本特征。

三、新民主主义教育方针的贯彻执行

新民主主义教育方针是中国共产党领导根据地人民在民主革命斗争过程中摸索和积累的教育工作宝贵经验，是中国共产党对

---

[1] 华北联合大学发展的新时期 [N]. 晋察冀日报，1941-11-01（2）.

[2] 华北联合大学发展的新时期 [N]. 晋察冀日报，1941-11-01（2）.

[3] 华北联合大学发展的新时期 [N]. 晋察冀日报，1941-11-01（2）.

教育工作的宝贵总结。这一在抗战特殊环境中形成的教育方针，在解放战争中逐渐走向成熟，对于引导和促进中国革命战争中教育事业的发展和进步起到了至关重要的作用。如果说抗战时期各高校对新民主主义教育方针进行了积极探索，那么，解放战争时期就是各高校对新民主主义教育方针贯彻执行的新时期。尤其是新民主主义教育在新解放区的持续推广与应用，为新中国教育方针政策的制定与落实奠定了基础。

（一）新民主主义教育方针的继承与调整

解放战争时期，中国社会的主要矛盾由以民族矛盾为主转化为以阶级矛盾为主。据此，中国共产党调整了相关政策，由减租减息转为土地革命。同时，"新民主主义教育也发展到一个新时期，即用已形成科学体系的新民主主义教育方针，指导改革老解放区的教育，以及改造新解放区的奴化教育和封建法西斯主义教育的时期"[①]。1945年4月，毛泽东同志在《论联合政府》的政治报告中指出，中国的国家制度应该是新民主主义的国家制度，新民主主义国家制度下的文化教育应该是民族的、科学的和大众的文化教育，而决不是"少数人所得而私"的文化教育。因此，教育战线上的斗争目标就是："要求取消国民党的党化教育，发展民族

[①] 王铁.中国教育方针的研究：新民主主义教育方针的理论实践 [M]. 北京：教育科学出版社，1982：294.

的科学的大众的文化教育；要求保障教职员生活和学术自由；要求保护青年、妇女、儿童的利益，救济失学青年，并使青年参加有益于解放战争和社会进步的各项工作……使青年和儿童得到有益的学习。"[1] 这种改造在延安等老根据地开始较早，与整风运动相联系，基本在抗战后期就已取得很大成效。

解放战争爆发后，毛泽东同志在《目前形势和我们的任务》的报告中对新民主主义的革命任务进行了新的阐释，提出"新民主主义的革命任务，除了取消帝国主义在中国的特权以外，在国内，就是要消灭地主阶级和官僚资产阶级（大资产阶级）的剥削和压迫，改变买办的封建的生产关系，解放被束缚的生产力"[2]。新民主主义教育方针也进行了相应的调整，号召肃清敌伪奴化教育的同时，也要反对国民党蒋介石集团的封建法西斯主义文化教育的流毒。进入战略反攻阶段以后，全国局势迅速变化，新民主主义教育方针紧跟革命形势的发展，提出教育需要向提高科学文化水平的正规化方向发展。

（二）新民主主义教育方针在晋察冀的延续

抗战胜利后，晋察冀边区所辖区域空前扩大，涵盖察哈尔、

---

[1] 杨天平等.中国共产党教育方针 90 年发展研究 [M].重庆：重庆大学出版社，2015：52.

[2] 毛泽东选集（第 3 卷）[M].北京：人民出版社，1990：1013.

热河两省全部，河北省大部以及山西、辽宁两省一部，与邻近的晋绥、晋冀鲁豫、山东和东北等解放区连成一片。晋察冀边区"在老区继续坚定地执行'干部教育第一'的政策，把干部教育放在全部教育的首位"①，为解放全国和接管城市等准备必需的干部和人才。在国民教育方面，继续发展中小学教育；在社会教育方面，继续开展冬学运动、夜校等，以提高人民群众的政治觉悟和文化水平。在新解放区，晋察冀边区的主要任务是迅速恢复、整顿、改造和发展学校教育，举办冬学、业余学校等形式的社会教育，消除敌伪奴化教育和国民党封建反动教育的不利影响。

1945 年 9 月 2 日，晋察冀边区行政委员会发出通告，规定新解放区实施新民主主义教育方针，"摧毁敌伪奴化教育，实行民族的、科学的、大众的文化教育政策。审查与改造师资，审查与改编教材。敌伪所设学校，经政府审查立案，始准开课，帮助并扶持人民大众的文化事业的发展"②。抗战胜利后至全面内战爆发前，全国范围内迎来了短暂的和平建设时期。晋察冀边区在新老解放区坚持新民主主义教育方针，积极开展学校教育正规化的探索，在中小学、高校正规化办学方面取得了重要进步，积累了丰富经验。晋察冀各区政府也制定了相应的政策，如冀中区行署

---

① 崔相录 . 东方教育的崛起——毛泽东教育思想与中国教育 70 年 [M]. 开封：河南教育出版社，1993：157-158.

② 崔相录 . 东方教育的崛起——毛泽东教育思想与中国教育 70 年 [M]. 开封：河南教育出版社，1993：159.

结合本地区的实际，制定并发布了《关于新解放区教育工作的指示》①，全面贯彻落实新解放区的新民主主义教育方针。

1946 年 5 月，晋察冀边区行政委员会发布《关于目前教育工作的指示》，指出目前教育总的方针仍然是坚定不移地执行新民主主义教育方针，坚持民族的、科学的、大众的教育，根据群众的需要与意愿，从实际出发、实事求是、学以致用，适应和平民主建设的需要，为人民服务②。该指示要求"从边区实际需要出发，建设有较长期的计划的教育制度，提高与培养干部与建设人才"③，并对干部教育、社会教育和小学教育等的任务、措施等进行了详细的说明。6 月，晋察冀边区行政委员会又相继发布了《晋察冀边区小学暂行规程草案》《晋察冀边区师范学校实施办法草案》等，对晋察冀边区小学教育和师范教育的方针、目的、任务、设置、领导、编制、课程教材、教学、设备、教职员、经费等都作了新的规定。

1946 年 6 月，全面内战爆发后，晋察冀各区坚决贯彻新民主主义教育方针，注重社会教育与学校教育相结合、时事教育与文化教育相结合、教育与战争和生活相结合，并制定相应的教育政

---

① 姚宏杰，宋荐戈．中国革命根据地教育史事日志 [M]．济南：山东教育出版社，2020：527.

② 杨天平等．中国共产党教育方针 90 年发展研究 [M]．重庆：重庆大学出版社，2015：53.

③ 崔相录．东方教育的崛起——毛泽东教育思想与中国教育 70 年 [M]．开封：河南教育出版社，1993：162.

策措施。8月，冀中行署发布《关于各县成立短师的指示》，提出缩短学制，开展短期师范训练班。同月，冀晋行署发布的《关于动员一切宣教干部、宣教组织进行自卫战争的紧急指示》指出："现我冀晋区已进入空前紧急的战争状态。为了保卫解放区，保卫和平民主与胜利果实，为了争取中国人民的生存与中国人民的政治地位，我冀晋区的宣教干部和教师同志们，应立即百倍紧张地紧急动员起来，与全体军民一道坚决地投入自卫战争中去。一切为了战争，一切为了争取前线的胜利而行动起来。"① 该指示要求广大干部和师生首先从思想上武装自己，并最终在思想上战胜和征服敌人，完成"攻心"的斗争任务。同时"根据冀晋区的具体情况，对学校教育、社会教育以及宣教干部和教师，如何为自卫战争服务提出了具体要求，明确提出转变办学方向问题"②。9月，晋察冀边区行政委员会发布《今明两年教育工作方案》③，要求坚持"干部教育第一"的方针和教育为战争服务的原则，以最大的力量开办各种短期训练班，各种初级职业学校和行政干校，并对干部学校、初等教育、中等教育的教育方针、课程内容，教学方法与原则以及教材、教员、经费等作出了具体规定。11月，冀中行署

① 王谦.晋察冀边区教育资料选编（教育方针政策分册）（下）[M].石家庄：河北教育出版社，1990：237.
② 崔相录.东方教育的崛起——毛泽东教育思想与中国教育70年[M].开封：河南教育出版社，1993：164.
③ 中央档案馆等.晋察冀解放区历史文献选编（1945—1949）[M].北京：中国档案出版社：1998：485.

发布《在全面自卫战争形势下教育工作贯彻紧急战备的指示》，号召"解放区全体军民，必须紧急动员起来，积极备战参战，集中一切力量，支援自卫战争，争取全面抵抗的胜利"[①]，并提出"在此形势下，教育工作，必须为自卫战争服务，加强时事教育及宣传，从思想上行动上动员起来，同时要和生产与发动群众翻身运动相结合，以启发群众的积极性，创造性。因此，第一要普遍地开展时事教育，贯彻战时动员工作"[②]，同时要求"中等以上学校（包括训练班、短师）要将体育课改为军事课，进行分散、转移、投弹等演习"[③]，以加强战时教育。

1947 年，解放战争进入战略反攻阶段，晋察冀边区局势发生了重大变化，老解放区迅速恢复，新解放区不断增加。2 月 12 日，冀晋行署发出《关于新收复区教育工作的指示》[④]，提出对旧教育逐步加以改造，积极摧毁日伪法西斯奴化教育，树立新民主主义教育，对旧教职员采取团结、改造的方针。随着解放战争在华北地区的推进，晋察冀边区的教育工作持续发展。6 月 30 日，冀晋行

---

① 王谦.晋察冀边区教育资料选编（教育方针政策分册）（下）[M].石家庄：河北教育出版社，1990：250.

② 王谦.晋察冀边区教育资料选编（教育方针政策分册）（下）[M].石家庄：河北教育出版社，1990：250.

③ 王谦.晋察冀边区教育资料选编（教育方针政策分册）（下）[M].石家庄：河北教育出版社，1990：251.

④ 顾明远，刘复兴.从新民主主义教育到社会主义教育（1921—2012）[M].北京：教育科学出版社，2015：124.

署发出《关于后半年教育工作重点的指示》①，明确指出教育工作的中心任务是继续为支前、土改、生产服务，要求改进社会教育和学校教育。为配合深入进行土地改革运动，并在实际工作中培养"新知识分子"，1947 年 12 月，晋察冀边区行政委员会发出《关于目前教育工作方面的几个问题的指示》，对学校如何参与土地改革以及干部教育与中等教育的发展问题作出了明确指示。该指示要求在土改过程中，"各级学校应积极负起宣传土地改革的任务，使每个学生成为土地改革运动的宣传站。利用各种形式，各种场合，组织宣传活动"②，特别是"以政治思想教育为主的干部学校或干部班的教职员学生，应暂停校内教学，尽量参加"③。该指示还提出在土改期间，学校的政治课要以土改为中心，并变更教学时间以便学生充分参加群众斗争，将课内教学与向群众学习相结合、理论学习与实际斗争相结合。在干部教育和中等教育问题上，该指示要求加强干部教育，以适应解放区扩大、干部输出与调整迅速的需求，规定"中学性质，目前应暂定为普通中学性质"④，并要求培

---

① 姚宏杰，宋荐戈 . 中国革命根据地教育史事日志 [M]. 济南：山东教育出版社，2020：586.

② 王谦 . 晋察冀边区教育资料选编（教育方针政策分册）（下）[M]. 石家庄：河北教育出版社，1990：313.

③ 王谦 . 晋察冀边区教育资料选编（教育方针政策分册）（下）[M]. 石家庄：河北教育出版社，1990：312.

④ 王谦 . 晋察冀边区教育资料选编（教育方针政策分册）（下）[M]. 石家庄：河北教育出版社，1990：314.

养青年知识分子与小学师资。这些要求体现出晋察冀边区逐渐将中等教育从干部教育划归为普通中学教育，有从战时教育向正规教育发展的趋势。同时，随着晋察冀边区快速发展，无论是部队现代化，还是地方建设工作，都急需大批具有较高水平的知识青年，普通中学就为高等教育的发展准备了优质生源。对此，冀东行政公署还曾发出公函，要求"在暑假前，每个中学要动员 50 名以上学生投考军政学校、卫生学校、建国学院及参加其他各种革命工作"[1]。

1948 年 1 月，针对学校教育中出现的照搬农村土地改革中阶级斗争的现象，晋察冀边区行政委员会发出《关于目前教育工作方面的几个问题的指示修正通知》[2]。2 月 2 日《晋察冀日报》发表《不应把农村斗争的一套搬到学校中去》[3]的政策性短评，要求彻底纠正以前"左"倾盲动做法，采取让学生结合土改加强阶级教育来提高学生觉悟和转变学生思想的教育改造方针。同月，冀中行署制定并颁布了《恢复与整顿国民教育实施办法（草案）》，要求恢复与整顿国民教育。6 月，冀中行署召开中学教育会议，明确提出"根据华北形势的发展，在必要和可能建设的方针下，应改

---

① 皇甫束玉等 . 中国革命根据地教育纪事（1927.8—1949.9）[M]. 北京：教育科学出版社，1989：361.
② 张金辉 . 晋察冀解放区高等教育研究（1937—1949）[M]. 北京：中国言实出版社，2018：60.
③ 不应把农村斗争的一套搬到学校中去 [N]. 晋察冀日报，1948-2-2（1）.

变过去某些战时措施，逐渐走向正规化"[①]，讨论了今后中学教育方针、学制和课程标准等问题。7月9日，冀中行署公布此次会议的讨论结果，即《关于改进中学教育及几个问题的决定》，对中学的教育方针、学制、课程、学校管理、教职员待遇等作出了具体规定。以这一决定的公布为标志，"晋察冀边区教育特别是中等教育的改革开始迈向正规化的门槛。历史经验告诉我们，中等教育的改革走在前面对于促进高等教育和小学教育的改革顺利进行，具有至关重要的作用"[②]。这一"抓住中间带动两头"的教育工作传统，得到了很好的运用和发展。

1948年8月20日至9月5日，晋察冀和晋冀鲁豫两边区共同召开了华北中等教育会议，对中等教育的性质、任务、方针等进行了讨论，还通过了《华北区普通中学暂行实施办法（草案）》《华北区师范学校暂行实施办法（草案）》《华北区中小学教职员待遇标准（草案）》等文件。华北人民政府正式成立后，晋察冀边区教育体系被纳入华北人民政府教育系统。各级各类教育继续按照新民主主义教育方针，开展正规化教育，华北地区教育体系继续向正规化方向发展。

---

① 崔相录 . 东方教育的崛起——毛泽东教育思想与中国教育 70 年 [M]. 开封：河南教育出版社，1993：173.
② 崔相录 . 东方教育的崛起——毛泽东教育思想与中国教育 70 年 [M]. 开封：河南教育出版社，1993：174.

（三）各高校对新民主主义教育方针的执行

抗战胜利后，特别是张家口等大中城市光复后，"共产党将教育工作由农村向城市、由战时向平时转移，开始尝试和探索在城市进行稳定的且正规化的办学"①。在高等教育方面，各高校在张家口市进行了稳定正规化办学的初步尝试，积累了宝贵经验。

华北联大随军进入张家口办学后，多次通过《晋察冀日报》向社会发布招生简章，并介绍"华北联大胜利的（地）完成了培养各种抗战干部、坚持华北敌后抗战的任务，今天又在为培养建国人才而努力"②。华北联大以"培养青年参加新中国的政治经济文化建设工作"③为宗旨，广泛招收学员，培养各类建国人才，同时还扩大了办学规模，增设外国语学院和新闻系等，为国家培养各种紧缺人才。可以说，华北联大在张家口办学期间，从抗战胜利后国家建设与发展的实际出发，根据国家对政治、经济、文化等方面建设人才的需求，调整了学校的培养目标，由培养抗战干部转向调整为培养新中国建设人才④，"时局的变化反映在高等学校办

---

① 张金辉，郎琦．中国人民大学办学正规化现代化的重要时期——华北联大在张家口办学的历史考察与价值分析 [J]．河北北方学院学报（社会科学版），2013（4）：75-78．

② 介绍华北联合大学（张家口广播）[N]．晋察冀日报，1946-02-23（2）．

③ 介绍华北联合大学（张家口广播）[N]．晋察冀日报，1946-02-23（2）．

④ 郎琦等．晋察冀边区首府张家口高等教育探研 [J]．河北师范大学学报（教育科学版），2016（4）：48-53．

学理念上，就是由教育为抗战服务转而为国家建设服务"①。白求恩学校在张家口办学期间，与原张家口医学院及中国医科大学部分师生合编，升格为白求恩医科大学，不仅延长了学制、扩大了办学规模，还调整了学校管理机构。军医班4个期的学制由原来的一年半延长至两年，原张家口医学院5个期学制为四年。1946年，除培养部队选送的卫生人员外，白求恩医科大学还通过《晋察冀日报》公开发布了招收简章，"第一次公开向地方招收知识青年入学"②。"学校规模扩大，人员增多，设备条件和任务都有了改变。"③为此，白求恩医科大学还调整了学校的管理机构，增设了办公室、总务处等机构，方便统筹和管理全校工作。

根据办学条件和环境的改变，以及国家对各类专业人才的需求，各高校在课程与教学方面进行了更加深入的调整和改革，打破了抗战期间以政治、军事、生产等公共课为主的课程类别，以及"抗战的基本理论、抗战的政策和方法以及对目前时局的认识等"④为主要课程内容的课程设置体系，建立起全新的课程体系。新型课程体系在课程类别上共分为校级公共课、院级公共课和专

① 郎琦等 . 晋察冀边区首府张家口高等教育探研 [J]. 河北师范大学学报（教育科学版），2016（4）：48-53.

②《白求恩医科大学校史》编辑委员会 . 白求恩医科大学校史（1939—1989）[M]. 成都：四川人民出版社，1989：38.

③ 王谦 . 晋察冀边区教育资料选编（干部教育分册）（上）[M]. 石家庄：河北教育出版社，1990：291.

④ 宋荐戈等 . 成仿吾教育实践与教育思想 [M]. 长沙：湖南教育出版社，1997：49.

业课三大类，与抗战时期相比，课程类别的设计与安排更趋现代化；在课程结构方面，"采用公共课与专业课相结合、理论课与实践课相结合的形式"①，与抗战时期相比，课程结构更趋系统化和正规化；在各课程类别所占的比重方面，专业课程的门数、时数都大大增加了，与抗战时期相比，课程比例也更趋专业化。

抗战胜利后，晋察冀边区持续贯彻新民主主义教育方针。一方面，对新解放区原有高校进行了接管与改造，对原高校的知识分子、学员开展了教育批评与思想改造后，甄别吸收部分人加入革命队伍，为革命战争和解放区的建设服务。"日寇侵华时期，张家口作为伪蒙疆联合自治政府首都、察哈尔省会，日伪在此建立了蒙疆中央医学院、警察学校、蒙疆学院、蒙古高等学院、兴蒙学院、交通学院和铁路学院等数所具有高等教育性质的学校，为日寇殖民统治培养各类高级技术人员和奴才。张家口光复后，这些学校大都解散、废弃，共产党对所剩学校进行接收并加以改造，转而使之为我所用，为中国革命和建设培养人才。"②另一方面，晋察冀边区还整合城市的优势资源，利用和平建设的有利时机，创办高等学校和提高原有专门学校的办学层次，培养高级专门技术

① 张金辉，郎琦.中国人民大学办学正规化现代化的重要时期——华北联大在张家口办学的历史考察与价值分析 [J].河北北方学院学报（社会科学版），2013（4）：75-80.

② 郎琦等.晋察冀边区首府张家口高等教育探研 [J].河北师范大学学报（教育科学版），2016（4）：48-53.

人才以及民族革命工作者。如帮助蒙古族人民在张家口新建了内蒙古军政学院，"以培养实现内蒙古自治运动联合会纲领的军事政治干部与行政干部为宗旨"①，学院下设行政部、军事部和中学部。晋察冀工业专门学校的办学层次从短期训练班向正规高校发展，并培养了大批工业技术人才，国家领导人李鹏、著名核动力专家、首批工程院院士、中国核潜艇之父彭士禄，全国人大常委会委员黄毅成、戚元靖、曾宪林等人都曾于1946年在晋察冀工业专门学校学习，学校也因此被誉为"培养工业技术干部的摇篮"②。

晋察冀边区各高校在短暂的和平时期进行城市稳定正规化办学的尝试，实现从"教育为抗日战争服务"向"教育为国家建设服务"的转变，培养了大批人才。这是新民主主义教育方针在晋察冀边区实践的结果，也是晋察冀边区根据抗战胜利后的具体情况对新民主主义教育方针的发展和完善。各高校进入张家口办学时间虽短，但在城市稳定正规化办学的探索，为晋察冀边区乃至日后新中国的高等教育积累了宝贵经验。同时，各高校的学生在张家口学习的时间虽然不是很长，但接受的是较正规的理论教育、革命教育，所以在思想上、业务上都有很大的收获，为以后的革

---

① 内蒙古军政学院招生启事 [N]. 晋察冀日报，1945–12–20（4）.

② 杨红彬 . 培养工业技术干部的摇篮：晋察冀边区工业专门学校 [J]. 党史博采，2011（11）：49–51.

命实践做了较好的准备①。这一时期，晋察冀边区各高校"像磁石一样吸引着广大知识青年"②，平津地区乃至全国的知识青年都纷纷来晋察冀边区首府张家口求学。

全面内战爆发后，晋察冀边区各高校迁出张家口市回到农村继续办学。在方针政策上，仍然坚持贯彻新民主主义教育方针，实施民族的、科学的和大众的教育，强调教育为解放战争服务，教育与生产劳动和生活实际相联系，肃清蒋介石集团的封建法西斯主义教育的毒害。晋察冀各高校都派出队伍支援前线战斗和农村的土地改革，广泛宣传党的方针政策，为解放全中国贡献力量。华北联大、白求恩医科大学等高校回到农村老根据地继续办学，迅速启动战时教育体制，并适应解放战争的需求，实行军事化、战斗化的管理体制，不仅为解放战争输送了大量干部和专业人才，而且广泛发动和教育了广大人民群众，为解放战争的胜利作出了重要贡献。③

解放战争后期，晋察冀与晋冀鲁豫两边区合并成立华北解放区，为贯彻"教育需要向提高科学文化水平的'正规化'方向发

---

① 阎捷欣等.在斗争中学习 在实践中成长——回忆华北联大教育学院的学习生活[A].刘葆观.血与火的洗礼——从陕北公学到华北大学回忆录（1937—1949）（下）[M].北京：中国人民大学出版社，2007：438.

② 宋荐戈等.成仿吾教育实践与教育思想[M].长沙：湖南教育出版社，1997：74.

③ 张金辉.晋察冀解放区高等教育研究（1937—1949）[M].北京：中国言实出版社，2018：218、223、227.

展"①的新民主主义教育方针的新要求，原分属晋察冀和晋冀鲁豫的高校进行了整合、重组，更加体现了高等教育向专业化、现代化的方向发展。如晋察冀的白求恩医科大学与晋冀鲁豫的北方大学医学院，于 1948 年 7 月合并，成立了华北医科大学，"集中了华北地区我军的优秀医务人才，汇集了两大军区的两所医学院校较丰富的办学经验，同时集中了两校的设备器材，成为加强我军卫生建设、发展人民卫生教育事业的一支重要力量"②。为适应形势发展的需要，晋察冀的华北联大与晋冀鲁豫的北方大学，于 1948 年 8 月合并成立华北大学，"主要任务是吸收国民党区的大学生和高中生，来学习马列主义与毛泽东思想，培养他们成为新中国各方面的建设干部"③，合并后的华北大学包括四部（第一部为政治训练班性质，第二部为教育学院性质，第三部为文艺学院性质，第四部为研究部）两院（农学院和工学院），图书馆除总馆外，各部、各院还设有分馆和资料室，极大地整合了办学资源，有效提升了办学质量和专业化水平。④

---

① 杨天平等 . 中国共产党教育方针 90 年发展研究 [M]. 重庆：重庆大学出版社，2015：54.

② 王谦 . 晋察冀边区教育资料选编（干部教育分册）（上）[M]. 石家庄：河北教育出版社，1990：295.

③ 王谦 . 晋察冀边区教育资料选编（干部教育分册）（上）[M]. 石家庄：河北教育出版社，1990：184.

④ 张金辉 . 晋察冀解放区高等教育研究（1937—1949）[M]. 北京：中国言实出版社，2018：225.

　　综上所述，晋察冀边区高等教育始终与中国革命战争紧密联系，为革命战争服务。抗战初期实施抗战教育方针，培养抗战救国干部。之后坚决贯彻党中央提出的新民主主义教育方针，并随着抗战局势的发展，根据边区的实际情况，不断调整新民主主义教育方针的内容。抗战胜利后，晋察冀边区各高校继续贯彻执行新民主主义教育方针，进行城市内稳定正规化办学的初步探索。全面内战爆发后，边区各高校坚持贯彻新民主主义教育方针的新要求，在高等教育正规化方面取得了重大成绩，成为新中国大学教育发展的榜样，为创办新型的人民大学奠定了坚实基础。

第五章　晋察冀边区高等教育的主要成就

晋察冀边区高等教育是在敌后抗日根据地开辟与建设的过程中根据战争的需要而创建和开办的，历经"战争与和平"的更迭，逐步发展壮大。在晋察冀边区建制存在的十余年里，晋察冀各高校根据党的教育方针不断制定与调整教育政策，从无到有、从小到大、从短期到长期、从农村到城市，以坚韧不拔的意志和旺盛的革命热情，谱写了为中国革命胜利、为新中国培养人才的壮丽诗篇。在残酷的战争环境中，晋察冀各高等学校和具有高等教育性质的干部学校、培训班，为革命战争和国家建设培养和输送了大批急需的革命干部和专业技术人才；在抗日战争胜利初期和新中国成立前后，晋察冀各高校成为接管华北地区日伪高校和国民政府旧高校的中坚力量；在十余年的发展历程中，无论是战争中坚持办学还是和平环境下正规化办学，晋察冀各高校都显示出超群的教学与管理艺术，积累了丰富的高等教育办学经验，奠定了新中国高等教育的重要基石。可以说，晋察冀各高校随着抗日战争和解放战争的局势演变而不断发展，听党指挥、刚毅坚卓、实事求是、灵活变通、脚踏实地、勇于创新，为新中国高等教育的发展作出了重要贡献，亦值得新时代高等教育借鉴。

一、培育了大量革命与建设人才

晋察冀边区高等教育随着抗日战争对革命干部和建设人才的需要而创建，起初多为具有高等教育性质的干部学校、训练班，逐步发展为正规的高等学校。在晋察冀边区建制存在的十余年里，无论是干部学校、训练班，还是正规高校，都坚持教育为抗战服务、坚持新民主主义教育方针，努力培养军政干部、文艺工作者、医疗人才、工业技术人员等。由于现实的需要，军政干部的培养量是最多的，其次是文艺工作者。因晋察冀边区自然环境相对恶劣等客观条件限制，培养的医疗人才及工业技术人员在抗战期间相对较少。但在抗战胜利后，尤其是晋察冀边区首府迁入张家口市后，利用城市优越的教育资源，这两类人才的培养有了突飞猛进的发展。解放战争期间，虽然处于战争状态，但晋察冀边区的高等教育并没有缩编，而是灵活机动地转换为短期培训性质，不仅人才培养数量没有减少，相反有了大幅度的提升。

晋察冀军政干部学校是晋察冀边区最早自主创建的具有高等教育性质的干部学校。从1937年12月学校创建，到1939年1月并入抗大二分校，晋察冀军政干校虽仅开办一年多时间，但学校"共举办了3期干部班，每期4个多月，为边区共培养1600余名优秀的军政干部"①。"军政干校各期学员毕业，大部分分配到前方，担任了基层指挥员"②，壮大了晋察冀边区军队的干部队伍，为抗战和党的军队建设贡献了力量。此后，抗大二分校迁入晋察冀边区办学，晋察冀军政干校与其合并，成为晋察冀边区正规的军政大学。抗大二分校自1939年12月从延安迁至晋察冀，到1943年2月奉命迁回陕北回归总校建制为止，共招收和训练了四期学员。"在晋察冀和冀中敌后根据地坚持办学四年多，先后培养了两万多名干部。"③这些抗日干部在艰苦的敌后战场上锻造，具有坚定的革命信仰和过硬的战斗能力，迅速成为"敌后抗战的骨干力量"④，对坚持华北抗战、晋察冀边区军政大学的正规化建设等，作出了重要贡献。

与晋察冀军政干校同期成立的晋察冀医务训练班，后改为白求恩学校。据统计，白求恩学校"从1939年9月正式成立，到1945年9月抗战胜利的六年里，为我党我军培养了各类医务人员

---

① 申国昌. 抗战时期区域教育研究：以山西为个案 [M]. 北京：社会科学文献出版社，2014：118.

② 曹剑英等. 晋察冀边区教育史 [M]. 石家庄：河北教育出版社，1995：248.

③ 王谦. 晋察冀边区教育资料选编（干部教育分册）（上）[M]. 石家庄：河北教育出版社，1990：97.

④ 曹剑英等. 晋察冀边区教育史 [M]. 石家庄：河北教育出版社，1995：170.

928 名"①。在医务训练班时期,"最初设置护士班和调剂班,学制分别为 3 个月和 6 个月,第一期护士班招收学员 37 名,调剂班招收学员 15 名。同年 7 月开始招收军医班,学制 10 个月,招收学员 37 名"②。相较于晋察冀军政干校开办 1 年培养的学员数量而言,晋察冀医务训练班培养的学员数量确实比较少。但是,在抗战的艰苦环境中,缺医少药,医疗器材等也得不到保障的情况下,晋察冀医务训练班能培养出近千名医务工作者,已经是一项非常显著的成绩了。到张家口办学后,白求恩医科大学开始面向地方招收知识青年,规定名额为 400 名,后因要求入学的人数过多,学校还通过《晋察冀日报》发出停止招生的公告。1946 年 6 月,白求恩学校与原张家口医学院全部教职员工以及中国医科大学余下部分人员,合编成立白求恩医科大学。合编后的白求恩医科大学拥有 9 个期的学员。"据不完全统计,从解放战争开始到 1948 年初,先后有医生、护士、调剂等各类卫生干部 472 名从学校毕业走上工作岗位。"③"在整个解放战争时期,学校始终坚持了为革命战争服务的正确方向……先后为部队输送了 1967 名各类医务干

---

① 许文博 . 中国解放区医学教育史 [M]. 北京:人民军医出版社,1994:81.
② 张金辉 . 晋察冀解放区高等教育研究(1937—1949)[M]. 北京:中国言实出版社,2018:154.
③ 王谦 . 晋察冀边区教育资料选编(干部教育分册)(上)[M]. 石家庄:河北教育出版社,1990:293.

部，收治了大量伤病员，为解放战争做出了贡献。"① 同时，在张家口办学期间，白求恩医大的附属医院还附设护士训练班或护士学校，公开招生，大量培养专业护理人员。1946 年 9 月 2 日在《晋察冀日报》登载第一次招考护理人员 60 名②，还多次续招学员 30 名③。估算之，白求恩医科大学在晋察冀边区办学的十余年里，共培养医护人员 3000—4000 名。

华北联合大学是晋察冀边区的最高学府，1939 年 7 月学校在延安成立后，即迁来晋察冀敌后抗日根据地办学。华北联大于1939 年 10 月中旬在河北省灵寿县陈庄附近正式开学，设社会科学部、文艺部、工人部和青年部，1940 年 7 月又增设师范部，共有教职学员 1500 余人④。翌年，根据中共北方局指示，华北联大第一次向正规化发展，至 1941 年 7 月，华北联大"计有法政、文艺、教育三个学院，群众工作，高中两个部"⑤，"全校教职学员将近 4500 人"⑥，为华北联大"最昌盛时期"⑦。在 1941 年 9 月的反扫

① 王谦.晋察冀边区教育资料选编（干部教育分册）（上）[M].石家庄：河北教育出版社，1990：298-299.
② 白求恩医大附属医院护士学校招考新生 [N].晋察冀日报，1945-9-2（4）.
③ 白求恩医科大学附属医院护士学校续招新生三十名 [N].晋察冀日报，1946-9-2（4）.
④ 张金辉.晋察冀解放区高等教育研究（1937—1949）[M].北京：中国言实出版社，2018：148.
⑤ 人民的大学：华北联大介绍 [M].苏州：苏南新华书店，1949：3.
⑥ 中央教育科学研究所.老解放区教育资料（二）抗日战争时期（上册）[M].北京：教育科学出版社，1986：414.
⑦ 成仿吾.战火中的大学：从陕北公学到人民大学的回顾 [M].北京：人民教育出版社，1982：110.

荡斗争中，华北联大化整为零，仍有"4000多名师生，分散到平山、灵寿、阜平、曲阳、行唐和唐县等县农村，参加了各地的游击小组或游击小队"①。之后，华北联大逐步压缩编制，1942年1月在校学员为1000多名②。1942年10月，华北联大再次缩编，只保留教育学院，"教职学员250人"③，文艺学院和法政学院结束工作，学员全部分配到各部门工作，校部和文艺、法政学院的干部，一部分提前毕业分配工作，一部分迁至延安，编入其他高校。1944年12月，晋察冀边区行政委员会作出《关于华北联大教育学院的决定》，指明了华北联大的任务和教育方针，并指出为保证和提高教育质量，"学员总数暂以不超过600人为原则"④。至抗战胜利前夕，华北联大的学员规模大致在600人⑤。抗日战争期间，华北联大共计培养革命干部及文艺、法政、教育战线的革命工作者5000余人⑥。由于正规化办学的需要，华北联大在晋察冀边区首府张家口一年多时间里，并未扩大规模，而是以"培养青年参加新中国的政治经济文化建设工作"⑦为宗旨，面向全国招收学员800名，

① 曹剑英等.晋察冀边区教育史[M].石家庄：河北教育出版社，1995：169.
② 张金辉.晋察冀解放区高等教育研究（1937—1949）[M].北京：中国言实出版社，2018：102.
③ 人民的大学：华北联大介绍[M].苏州：苏南新华书店，1949：4.
④ 曹剑英等.晋察冀边区教育史[M].石家庄：河北教育出版社，1995：207.
⑤ 人民的大学：华北联大介绍[M].苏州：苏南新华书店，1949：4.
⑥ 张金辉.晋察冀解放区高等教育研究（1937—1949）[M].北京：中国言实出版社，2018：150.
⑦ 介绍华北联合大学（张家口广播）[N].晋察冀日报，1946-2-23（2）.

当时的修业年限为 2—3 年。全面内战爆发后，华北联大从张家口迁入束鹿办学，一面继续正规化发展，一面扩大招生、短期培训干部。是时，培训的干部数量远超过抗战时期。1948 年 2 月华北联大从束鹿迁入正定开展了稳定的正规化办学。据统计，到 1948 年与北方大学合并成立华北大学之前，"9 年来，华北联大在成仿吾校长领导下，培养了 19000 多干部"[①]。组建华北大学时，华北联大"全校教职学员共千余人"[②]，为中国革命和建设培养了大批德才兼备的干部及专业人才，功勋可鉴。

在晋察冀边区长期办学或短期存在的一些高校或具有高等教育性质的干部学校，在办学期间亦培养了大量的军政干部及专业人才。抗战建国学院在一年多办学时间内"共有学员 700 余人"[③]。河北抗战学院从 1938 年 9 月正式开学，至 1939 年 2 月，第二期提前毕业，学校结束办学，"是冀中根据地初创时期规模最大人数最多的革命学府，共办了两期，每期三个月，共六个月。第一期 1400 人，第二期 1300 人，共 2700 人"[④]。冀热辽抗日军政学校"在

---

① 王谦.晋察冀边区教育资料选编（干部教育分册）（上）[M].石家庄：河北教育出版社，1990：183.
② 王谦.晋察冀边区教育资料选编（干部教育分册）（上）[M].石家庄：河北教育出版社，1990：183.
③ 曹剑英等.晋察冀边区教育史[M].石家庄：河北教育出版社，1995：50.
④ 王谦.晋察冀边区教育资料选编（干部教育分册）（上）[M].石家庄：河北教育出版社，1990：71.

抗战期间共培训了 1000 余名干部"①。冀东建国学院"从建院到结束共培训各种学员 9000 多人"②。在晋察冀边区首府张家口市办学的三所高校：内蒙古军政学院共开办 5 期，共培训学员 500 多名；晋察冀工业专门学校成立后，"学员陆续扩充至 200 人左右"③；晋察冀铁路学院共计 268 人④。在晋察冀边区首府张家口市成立的四所具有高等教育性质的干部学校：晋察冀军政干部学校（后期）"辗转办学两年多，为军区部队培养了 12000 余名军政指挥员和技术骨干"⑤；晋察冀行政干部学校迁往天津改称华北职工学校前，共陆续开办了 13 个班；华北职工学校 1948 年成立后，"在半年多的时间内，培养输送了各种技术人员 2000 多人，支援了华北地区的经济建设"⑥；冀察军政干校"以培植新型的革命的初级军事政治干部，扩大与提高为人民服务之人民军队为宗旨，招生名额 1000名"⑦。

① 王谦.晋察冀边区教育资料选编（干部教育分册）（上）[M].石家庄：河北教育出版社，1990：214.
② 王谦.晋察冀边区教育资料选编（干部教育分册）（上）[M].石家庄：河北教育出版社，1990：261.
③ 杨红彬.培养工业技术干部的摇篮：晋察冀边区工业专门学校 [J].党史博采，2011（11）：50.
④ 张金辉.晋察冀解放区高等教育研究（1937—1949）[M].北京：中国言实出版社，2018：240.
⑤ 贾巨才，郎琦.晋察冀边区首府张家口教育事业研究 [M].北京：红旗出版社，2015：236.
⑥ 曹剑英等.晋察冀边区教育史 [M].石家庄：河北教育出版社，1995：328-329.
⑦ 冀察军区军事政治干部学校招生简章 [N].晋察冀日报，1945-9-13（4）.

特别需要指出的是，各高校或具有高等教育性质的干部学校在晋察冀边区首府张家口市办学期间，普遍延长了学制，开展城市稳定的正规化办学。相较于抗战期间的短期培训，可以说"产出"相对较慢。但即便如此，各高校在张家口仍培养或招纳了大批人才（见表 5-1）。

表 5-1　晋察冀边区首府张家口各高校毕业生数量概况统计表[①]

学校性质	学校名称	学员人数	备注
高等学校	华北联合大学	1000 人以上	不含附设干部训练所
	白求恩医科大学	200 人以上	不含原张家口医学院、迁出的中国医科大学学员
	晋察冀工业专门学校	200 人以上	
	晋察冀铁路学院	268 人	
具有高等教育性的干部学校	内蒙古军政学院	500 人以上	不含训练骑兵旅的学员
	晋察冀军政干部学校	2000 人以上	不含训练的战斗部队学员
	冀察军政干部学校	1000 人以上	不含训练的战斗部队学员
	晋察冀行政干部学校	近 200 人	

通过上表可见，抗战胜利后至全面内战爆发前，在晋察冀边区首府张家口市办学的各高校共有学员 1600 名以上，具有高等教育性质的干部学校有学员 3700 名以上，合计在 5300 名以上。这一数据未包括各校临时开办的干部训练班或训练所等。在短短一

---

① 根据《晋察冀日报》招生简章招生数量、各校学员回忆录、《晋察冀边区教育资料选编》《晋察冀边区教育资料选编（续集）》等文献进行整理。由于未能查阅各学校的学籍档案，因此本表的数据统计是概括性的，并非十分准确，且尚属保守估计。但这些数据足以说明张家口作为晋察冀边区首府这一时期，开展了大规模的正规化的干部教育运动。

年的时间里，晋察冀边区各高校在正规化办学方面取得如此成绩，实属不易。

总之，晋察冀边区创建的各类高校、具有高等教育性质的干部学校和训练班，以培养革命战争和解放区建设所必需的革命干部和技术人才为主要目标，为革命战争输送了大批军政干部，补充了军队有生力量，同时也为边区乃至国家建设培育了大量优秀的技术人才，提供了人力保障和智力支持，对边区乃至新中国各项事业的建设和发展作出了重要贡献。

二、接管华北地区高校的中坚力量

抗日战争胜利后和解放战争时期，接管一些理工农医类的日伪学校以及国民政府旧高校，是中国共产党高等教育发展的重要途径之一。在接管这类高校的过程中，也会随之裁撤一些为维护日伪殖民统治或国民党反动统治而设立的培养官僚、警察、特务之流的学校。在晋察冀边区建制存在的 10 余年里，接管了域内多座省会城市或中心城市，如察哈尔省会张家口、热河省会承德以及平汉铁路枢纽石家庄等，也相继从日伪或国民党手中接管了诸多伪高校、旧高校或具有高等教育性质的学校。晋察冀与晋冀鲁豫两大解放区合并后，原晋察冀边区的高校班底还参与到了北平、天津等城市的高校接管中，有些高校领导与师生甚至南下参与了南方省市及其高校的接管工作。

　　总体而言，晋察冀边区各高校对华北地区伪高校、旧高校的接管，主要涉及抗战胜利初期和新中国成立前夕两个时期。抗战胜利初期，晋察冀边区高校在张家口等地接管了一批理工农医类的日伪高校，并对其进行改造，使其为我所用，成为培养各类紧缺的建国人才的新民主主义高校。新中国成立前夕，原晋察冀边区高校在北平、天津等地接管了大量国民政府旧高校，并逐步将其改造成为社会主义高校。在这一过程中，原晋察冀边区自主创办的高校进一步发展、提升，其中承载的红色文化也在党领导下的高等教育中持续传承。

　　抗战胜利后，为了更好地开展高等教育工作，为解放区建设和发展输送和培育优秀干部和专业人才，以华北联大（是时仅保留教育学院）和白求恩学校为代表的高等学校，纷纷迁入城市恢复和重建。按照边区政府的统一部署，华北联大将一部分学员分配回原单位工作，其余大部分师生随晋察冀军区部队进入张家口。[①]"白求恩学校随同晋察冀军区机关从阜平县大台村进驻涞源县城，10月初到达张家口市"[②]。由于国民党军大举进攻解放区，

---

① 中国人民大学校史研究丛书编委会.中国人民大学纪事（1937—2007）（上卷）[M].
　北京：中国人民大学出版社，2007：50.
②《白求恩医科大学校史》编辑委员会.白求恩医科大学校史（1939—1989）[M].成都：
　四川人民出版社，1989：37.

军区决定，白校暂时停课，支援前线。[1]华北联大则一面开展学校的恢复和重建工作，一面参与到城市接管当中。受冀察行署委托，华北联大设立行政人员训练所，专门对原日伪组织职员进行再教育。1945年9月19日，在华北联大大礼堂行政人员训练所举行开学典礼，参加典礼的行政人员训练所教职学员达700余人，其中有很多人员系兴蒙学院、中央警察学院（校）、蒙疆高等学院的伪教职员。时任教育学院副院长林子明在开学典礼上指出，学员们为日伪工作给中国革命施加阻力，是由于过去长期在国民党统治与敌人奴役下，剥夺了政治自由，因而缺乏一定政治觉悟的结果，号召全体学员在被八路军解放后，深刻认识自己过去的罪恶并努力改造自己。[2]行政人员训练所于1945年12月完成使命结束工作。在培训期间，华北联大发挥老解放区高等教育和干部教育中积累的思想政治教育经验，对张家口接管过程中的伪组织职员教育工作发挥了重要作用。

对于日伪在张家口及其周边设立的蒙疆中央医学院、交通学院、铁路学院、工科实业学校、农科职业学校等理工农医类学校，晋察冀边区则通过接收改造、合并办学等方式，使其融入晋察冀边区高等教育体系，为边区发展和建设服务。如蒙疆中央医学院，

① 王谦.晋察冀边区教育资料选编（干部教育分册）（上）[M].石家庄：河北教育出版社，1990：289.
② 联大附设行政人员训练所举行开学典礼[N].晋察冀日报，1945-9-22（2）.

最初由晋察冀所辖的冀察军区卫生部接管，晋察冀军区进入张家口后，又交由晋察冀军区卫生部接管，先后更名张家口医科专门学校、张家口医学院。为了进一步改造张家口医学院，晋察冀边区先后将从延安和老解放区迁来的中国医科大学和白求恩学校，与张家口医学院合并办学。交通学院和铁路学院，则分别由晋察冀工业训练班和华北联大相关人员接管，改造为晋察冀边区工业专门学校和晋察冀铁路学院。

新中国成立前夕，原晋察冀边区各高校的干部与师生，由于曾经参与过张家口伪高校接管工作，具备一定的接管经验，又大都参与到了对平津地区旧高校、文教部门的接管工作中。曾任华北联大教务长的林子明，在天津解放后出任天津市教育局副局长，为天津市改造旧的教育制度、建立新的教育制度贡献了力量。[1] 曾任华北联大文艺学院院长的沙可夫，在北平解放后担任北平军管会文化接管委员会副主任，主持并参与了清华大学等高校的接管[2]。已在石家庄稳定办学的白求恩医科大学，也调配了一大批曾经在张家口参与过高校接管改造的领导干部，奔赴各地从事城市卫生和教育等方面的接管和建设工作。以晋察冀边区工业学校为基础的华北大学工学院，根据华北企业部的指示组建了北平中法大学接管组和北平国立高等工业学校接管组，前往北平开展高校

---

① 方亨. 深切怀念林子明同志 [J]. 北京党史研究，1996（6）：54-57.
② 刘颖. 北平军管会对清华大学的接管 [J]. 当代中国史研究，2010（7）：63-68.

接管工作，学校亦逐步迁至北平办学。原晋察冀铁路学院先与晋察冀边区工业专门学校，合并成立晋察冀边区工业交通学院，后又分出迁至石家庄办学，更名华北交通学院。[①] 新中国成立前夕，华北交通学院承担了对国立唐山工学院和北平铁道管理学院的接管工作。此外，一些原晋察冀边区高等学校还通过合并办学的方式，对旧高校进行接管改造，如以原华北联大文艺学院音乐系为基础的华北大学音乐系，与南京国立音乐学院、燕京大学音乐系在天津合并成立中央音乐学院，1958 年迁至北京，留下部分师生和设备改建为天津音乐学院[②]。凡此种种，不一而足。

总之，抗战胜利初期，晋察冀边区通过接收、教育、改造等形式，迅速扩大了高等教育规模。一时间晋察冀边区高等教育机构迅速增多，类型丰富，涵盖了文学艺术、自然科学、工业技术、军事、医学等类型。新中国成立前夕，原晋察冀边区各高校教职学员，在平津及周边地区的旧高校接管与改造工作中也发挥了重要作用，为党领导城市高等教育的建设和发展积累了宝贵经验。可以说，晋察冀边区各高校师生是接管华北地区日伪高校、国民政府旧高校的中坚力量。

---

① 张金辉. 晋察冀解放区高等教育研究（1937—1949）[M]. 北京：中国言实出版社，2018：233.

② 王金鼎. 解放初期天津高等学校的接管与改革拾零 [A]. 中国人民政治协商会议天津市委员会文史资料研究委员会. 天津文史资料选集（第 57 辑）[M]. 天津：天津人民出版社，1992：6.

三、奠定了新中国高等教育的重要基石

首先，晋察冀边区高等教育代表了新中国高等教育的"红色基因"。当时中国的解放区主要集中在西北、华北和东北，而西北延安地区的高等教育在解放战争时期大部迁至东北，晋察冀解放区不仅是连接西北和东北的中转地，而且处于抗日战争的最前沿和华北解放区的核心地带，域内高等学校和干部学校在长期艰苦的战争环境中，锻造了教职学员坚强的革命意志，形成了高等教育的"红色基因"。其次，解放战争时期，晋察冀边区更靠近中国腹地及国民政府的高校集中地，晋察冀边区各高校在战略决战后，能够第一时间赶赴城市接管国民政府旧高校，为接管与建设新中国高校树立了样板、奠定了基础。最后，晋察冀边区高等教育可谓白手起家，一点一滴的积累与发展，通过自身艰苦奋斗而逐步成长壮大，从具有高等教育性质的干部学校、训练班逐步发展为正规化的高校，积累了在战时与平时、城市与农村开展高等教育的宝贵经验。这也是其成为新中国高等教育重要基石的关键所在。

在晋察冀边区开辟之初，党的干部及专业技术人才急缺。为了培养各类急需的革命干部和技术人才，满足抗日战争和根据地建设的需求，晋察冀边区迁驻和创建了诸多高等学校或具有高等教育性质的干部学校、训练班。例如，抗大二分校、华北联大、

白求恩学校、晋察冀军政干校、抗战建国学院、河北抗战学院、晋察冀工业专门学校等。其中，只有华北联大和抗大二分校两所学校在创立之初即定名为大学，以为学生提供较高层次的专门教育为目标，培养军事、政治、经济、文教等方面的高级人才。华北联大一直在晋察冀艰苦的战争环境中办学，不仅自身就是革命战争年代党的高等教育的重要组成部分和中坚力量，而且经过长期发展，学校不断壮大，积累了丰富的办学经验。1948年8月，华北联大与北方大学组建了华北大学，成为当时全国规模最大的红色高校。华北大学在后续发展中，"孕育了中国人民大学、北京理工大学、北京外国语大学、中央戏剧学院、中央美术学院、中央音乐学院等知名院校，被称为'新中国高等教育的摇篮'"①。相比而言，抗大二分校在晋察冀边区办学只有4年，但也培养了大批党的军事、政治基层干部，特别是其衍生和创办的教导大队和陆军中学，后来成为冀察军政干部学校和晋察冀军政干部学校（后期）的基础，新中国成立后两校演变为石家庄陆军指挥学院，现中国人民解放军国防大学联合作战学院。

虽然，晋察冀边区大多数高校在创立之初是短期干部学校或训练班，主要是为满足革命战争和根据地开辟与建设的需要，培养和训练各种初级、中级干部，或者对已有干部进行轮训，以提

---

① 华北大学：新中国高等教育的摇篮 [N]. 燕赵晚报，2014-10-08（A04）.

高干部素质和水平。这类学校的学制一般较短，课程内容以现实需要为依据，教学方法重视在实践中锻炼。但是随着抗战局势的发展和根据地的不断扩展，这些短期干部学校或训练班迅速壮大，办学层次相应提高，甚至从短期干部学校或训练班，发展成为较高级的专门学校或具有高等教育性质的干部学校。如晋察冀军区卫生学校（1939 年 9 月创建，1940 年 1 月更名白求恩学校），就是在晋察冀军区医务训练班（队）的基础上创建和发展而来的。

1945 年，进入张家口市稳定正规化办学后，为突出医学教育的专业性，学校由白求恩学校更名为白求恩医科（卫生）学校，并公开招收地方知识青年入校就读，从医疗干部学校发展为医学教育类的高等专门学校。1946 年，学校与原张家口学院和中国医科大学部分师生合并，组建白求恩医科大学。

从晋察冀军区医务训练班（队）到白求恩医科大学的发展历程，就是晋察冀边区众多高等学校发展的基本模式，即从短期干部学校甚至训练班，到具有高等教育性质的干部学校，再到正规高等（专门）学校。其中，有些学校仅包含其中的一两个阶段，即与其他高校合并办学，或迎来了新中国成立前后高等教育的整顿与重组，成为新中国高等教育的重要组成部分。（详见表 5-2 晋察冀边区主要高等学校和具有高等教育性质的干部学校一览表）。

表 5-2　晋察冀边区主要高等学校和具有高等教育性质的干部学校一览表

学校名称	前期基础	创办时间	抗日战争时期	和平民主建设时期	解放战争时期	后续发展	备注
晋察冀军政干部学校	八路军115师教导大队	1937年12月	1939年1月并入抗日军政大学二分校	—	—	—	1946年在张家口复校
河北抗战学院	—	1938年9月	1939年2月结束办学	—	—	—	也称冀中抗战学院
抗日军政大学二分校	抗日军政大学	1939年1月	1943年2月回归总校建制	—	—	—	所属教导大队和陆军中学，抗战后分别改建为冀察军政干校和晋察冀军政干校
华北联合大学	陕北公学、鲁迅艺术学院、延安工人学校、安吴堡青年训练班	1939年7月	华北联合大学（合并抗战建国学院、群众干部学校）	华北联合大学（与延安大学合并）	华北联合大学、华北大学（与北方大学合并）	中国人民大学	华北大学各系部合并组建了中国国家京剧院、北京外国语大学、中国戏剧学院、北京理工大学、中国农业大学等
抗战建国学院	—	1939年8月	1941年3月并入华北联合大学	—	—	—	在冀西、冀南及山西、山东等地先后亦有地方党组织所办同名学校，但均不存在分属、隶属关系
晋察冀军区卫生学校	晋察冀军区医务训练班	1939年9月	晋察冀军区卫生学校、白求恩学校	白求恩学校、白求恩医科（卫生）学校、白求恩医科大学	白求恩医科大学（合并晋察冀各区卫生学校作为分校）、华北军医大学（与北方大学医学院合并）	吉林大学白求恩医学部	白求恩医科大学冀晋分校发展为华北医科大学三分校、察哈尔医科专门学校、张家口医学院、河北北方学院

续表

学校名称	前期基础	创办时间	抗日战争时期	和平民主建设时期	解放战争时期	后续发展	备注
冀热辽抗日军政学校	—	1943年8月	冀东抗日军政学校、冀热辽抗日军政学校	1945年底挺进东北并入东北军政大学	—	—	卫生训练队成为承德医学院前身之一
张家口医学院	日伪蒙疆中央医学院	1945年9月	日伪蒙疆中央医学院	张家口医科专门学校、张家口医学院。先后并入中国医科大学和白求恩医科大学	白求恩医科大学、华北军医大学（与北方大学医学院合并）	白求恩医科大学（现吉林大学白求恩医学部）	
晋察冀边区铁路学院	日伪张家口铁路学院	1945年9月	日伪张家口铁路学院	晋察冀边区铁路学院	晋察冀边区工业交通学院（与晋察冀工业专门学校合并）	北京交通大学、西南交通大学	
中国医科大学	中国医科大学（延安）、张家口医学院	1946年3月	—	中国医科大学（合并改造张家口医学院）	中国医科大学（与东北多数学校合并）	中国医科大学	1946年6月奔赴东北
冀察军政干部学校	冀察军区教导大队（抗大二分校教导大队改建）	1945年8月	—	冀察军政干部学校	步兵学校	石家庄陆军指挥学院	现为中国人民解放军国防大学联合作战学院
冀东建国学院	—	1945年10月	—	冀热辽区建国学院、冀东建国学院	冀东建国学院	—	
内蒙古军政学院	—	1945年12月	—	内蒙古军政学院	内蒙古自治学院（与内蒙古自治学院合并）	内蒙古师范大学、赤峰中学	

续表

学校名称	前期基础	创办时间	抗日战争时期	和平民主建设时期	解放战争时期	后续发展	备注
晋察冀边区工业专门学校	晋察冀边区工业训练班、延安大学自然科学院	1945年9月	晋察冀边区工业训练班	晋察冀边区工业专门学校	晋察冀边区工业交通学院（与晋察冀边区铁路学院合并）	北京理工大学	晋察冀边区工科专门学校由晋察冀工业训练班和接收改造的日伪蒙疆交通学院、宣化工科实业学校组建
晋察冀军政干部学校（后期）	抗大总校第二大队（抗大二分校陆军中学编成）	1946年2月	抗大二分校陆军中学、抗大总校第二大队	晋察冀军政干部学校	晋察冀军政干部学校、华北军政大学	石家庄陆军指挥学院	现为中国人民解放军国防大学联合作战学院
晋察冀边区行政干部学校	—	1946年4月	—	晋察冀边区行政干部学校	华北职工学校	中国劳动关系学院	由华北联大总务长狄子才带部分联大教职员创办
晋察冀解军区电讯工程专科学校	军委通信学校、晋察冀军区无线电训练队	1947年3月	—	—	晋察冀军区电讯工程专科学校、华北军区电讯工程专科学校	西安电子科技大学	1958年开始迁入西安，1960年搬迁完毕

第六章　晋察冀边区高等教育的经验启示

抗战期间，晋察冀抗日根据地是华北乃至全国抗战的桥头堡，为抗战胜利作出了重要贡献；抗战胜利后至全面内战爆发前，晋察冀边区首府张家口市是中国共产党领导的城市接管与建设的试验田，为党的城市接管工作积累了宝贵经验；解放战争期间，晋察冀部队发起石家庄战役，开创大城市攻坚战先河，又适时与晋冀鲁豫边区合并成立华北人民政府，标志着解放区政权建设进入新阶段。晋察冀边区在抗日战争时期、争取和平民主时期和解放战争时期，都能够发挥如此重大的作用，既与中共中央的正确决策有关，也与其在教育特别是高等教育（含干部教育）方面的建设成就密不可分。晋察冀边区在高等教育上继承并充分发挥了中国共产党重视思想政治教育、强调理论联系实际的优良传统，在高等教育的具体建设过程中，实现了对人民群众的宣传和动员，培养了革命和建设所需要的革命干部和技术人才。千秋基业，人才为先。党的二十大报告指出："人才是第一资源。"[①] 这一论断既为新时代人才工作提供了基本遵循和科学指引，也是对历史经验的深刻总结。回望晋察冀边区高等教育发展的十余年历程，虽然条件艰苦，但始终重视发展和建立更加规范和正规的高等教育，以培养和训练具有较高水平的革命干部和技术人才，以实现人才服务于革命战争的胜利、解放区的建设和人民生活水平的提高。同时，晋察冀边区高等教育对人才的培养是综合的、全面的。可以说，在"德智体美劳"每一个层面都积累了丰富的经验，且"五育"并举又紧密结合，为当今高等教育人才培养提供了很好的经验启示。

一、德育：坚持政治教育，培养奉献精神

德育的概念是学界长期存在争论的问题，其既与道德教育、思想政治教育、学生工作等概念存在密切联系，也有一定差异。这里所讲的德育，不仅包括道德的教育，即培养人具有良好的道德品质，还包括培养人形成马克思主义的世界观、人生观、价值观，以及正确的思想和政治观念等，因而是大"德育"的概念。

[①] 习近平.高举中国特色社会主义伟大旗帜　为全面建设社会主义现代化国家而团结奋斗——在中国共产党第二十次全国代表大会上的报告（2022 年 10 月 16 日）[M].北京：人民出版社，2022：27.

正如中共中央、国务院发布的《关于进一步加强和改进大学生思想政治教育的意见》（中发〔2004〕16号文件）强调："坚持教书与育人相结合。学校教育要坚持育人为本、德育为先，把人才培养作为根本任务，把思想政治教育摆在首要位置。"① 由此可见，在社会主义中国，大"德育"概念的核心，就是思想政治教育。"德育为先"就是"思想政治教育摆在首要位置"。

思想政治教育是中国共产党的传家宝和政治优势。在革命战争年代，培养具有坚定的革命信念、明确的政治立场、强烈的爱国情感的革命干部和知识分子极其重要。因此，在革命战争的各个历史时期，中国共产党都高度注重学校教育中的思想政治教育，锻炼学生实际工作能力的同时，也注重提高其思想觉悟和政治意识，帮助其树立为人民服务的奉献精神。晋察冀边区在高等教育建设过程中，始终注重对学生开展思想政治教育。

抗战期间，中国共产党面临着民族矛盾上升为主要矛盾、国共两党关系由对立转变为合作、国际上对中国抗战关注度提升等重大国情和世情变化。这要求党中央部署对全国人民进行马克思主义理论、党的纲领与主张、革命斗争和民族统一等宣传教育工作。同时，中共中央明确规定，中等教育以上的教育均属于干部教育，因而抗战期间的政治课也有干部培训的性质，主要是开

---

① 李德芳，李辽宁，杨素稳. 中国共产党思想政治教育史料选编 [M]. 武汉：武汉大学出版社，2009：635.

展抗日的国防教育。晋察冀边区遵照党中央的指示，在域内实施国防教育，高等教育亦不例外。晋察冀边区各高校的思想政治教育以激发学生的民族危亡意识为主要目标和任务，全部高校均设置了政治课，除白求恩学校外，其余高校还设置了军事课（见附表：晋察冀边区各高校课表汇总，表6-1至表6-5）。政治类课程的课时比例，根据所培养人才类别的不同，从20%到50%不等。像晋察冀军政干部学校、抗大二分校这类军政院校，由于培养目标的需要，政治课与军事课占比极高。抗战建国学院则分为政治课、军事课与业务课三类。白求恩学校的政治课比重相对较低，但也占全部课程的20%。政治课根据实际战争和根据地建设的需要来设置，主要有统一战线、政治常识、战时政治工作、群众工作、政治经济学、社会发展史、哲学、辩证唯物主义、中国革命基本问题、党的方针政策、时事教育等。此外，晋察冀边区各高校还注重通过开展劳动，在实际生活中对学员开展思想政治教育，如华北联大文艺部除政治课、军事课外，还专门设置了生产劳动课。

抗战胜利后至全面内战爆发前，为争取实现国内和平和民主，晋察冀边区各高校遵照党中央及边区指示，思想政治教育主要以培养学生的民主、团结意识为目标，培养坚持民主进步、拥护团结统一的国家建设人才。同时，这一时期各高校的思想政治教育还以培养学生为革命斗争服务、为人民的安定幸福生活服务的意识。例如，华北联大在张家口办学之初即招收了1000多名新生，其中大多数是来自北平、天津、保定等国统区的大中城市，且大部分都是20岁到25岁的知识青年，他们的家庭出身、文化程度、政治认识和学习要求都与解放区学员有所不同。为加强对新招收的知识分子和青年学生的思想政治教育，华北联大建立起了公共课（主要是政治课）和专业课相结合的课程结构，公共课还分为校院两级（见附表：晋察冀边区各高校课表汇总，表6-6），全校所有院系均开设新民主主义论、形势报告、中国共产党章程和国民党的批判等政治课，作为校级公共课程，所有学生都要进行学习，而且一些学院还明确规定了政治课的比例。同时，各高校还组织学生与群众密切联系，在城市中开展政治宣传、文艺表演、义务劳动等，提高学生的思想政治意识。通过坚持思想政治教育，"许多从国民党统治区来这里上学的青年，都感受到了这个革命大家庭的温暖，他们在这里接受了革命教育，锤炼成了坚强的革命干部"[①]。据这一时期在晋察冀高校求学的学生们回忆："在张家口学习的时间虽然短，但接受的是较正规的理论教育、革命教育，所以在思想上、业务上都得到很大教益，为以后的革命实践做了较好的准备。"[②]

---

① 宋荐戈等. 成仿吾教育实践与教育思想 [M]. 长沙：湖南教育出版社，1997：75.

② 阎捷欣等. 在斗争中学习　在实践中成长——回忆华北联大教育学院的学习生活 [A]. 刘葆观. 血与火的洗礼——从陕北公学到华北大学回忆录（1937—1949）（下）[M]. 北京：中国人民大学出版社，2007：438.

全面内战爆发后，思想政治教育的主要目标转变为让学生认清国民党政府的反动本质，帮助学生树立反对压迫反对剥削的意识，为"打倒蒋介石、解放全中国"而努力奋斗。因此，晋察冀边区各高校的思想政治教育以阶级斗争为主要内容，以培养和提高学生阶级觉悟和革命意志为主要任务，开设马克思主义基本理论、中国革命的基本问题与中国共产党、时局与任务、战时政治工作、党的政策（新民主主义革命的总路线总政策、土地政策、城市工商政策、新区政策、俘虏政策）等思政课程（见附表：晋察冀边区各高校课表汇总，表6-7）。同时，开展"三查"（查阶级、查工作、查斗志）、"三整"（整顿思想、整顿组织、整顿作风）运动，整顿学生思想意识，提高学生的政治觉悟。晋察冀各高校学生普遍参加了地方的土地改革运动，在土改的实际斗争中锤炼思想政治品质，收到了很好的教育效果。

总之，晋察冀边区高等教育在发展过程中始终坚持对学生进行思想政治教育。一方面，设置正式的思政课程，进行系统的马克思主义理论教育；另一方面，重视在实际生活与战斗中提高学生的政治意识、激发学生的思想情感、增强学生的革命斗志。这两方面的结合，对培养学生成为具有坚定共产主义信念的革命干部和技术人才发挥了重要作用。虽然在抗日战争和解放战争的不同时期，思想政治教育的目标不甚相同，比如抗战期间更加注重国防教育、争取和平民主阶段更加注重民主团结教育、全面内战爆发后更加注重反对国民党独裁教育，但总体上都是培养学生为人民服务的奉献精神。奉献精神是社会责任感的集中表现，它是一种不计较个人得失，为社会发展而奉献的精神。可以说，晋察冀边区各高校在思想政治教育方面，均努力培养学生为人民服务的意识，对于坚持革命战争和边区建设工作产生了积极作用。

二、智育：教学严谨规范，理论联系实际

革命战争年代，中国共产党所办的高等教育通常与干部教育相联系，大都以"大学"或"学院"命名，如建党初期的湖南自修大学、上海大学；土地革命时期的红军大学、苏维埃大学；抗战时期的军政大学、马列学院、延安大学等。同时，包括中国共产党自身在内，人们通常把这些党办的院校称为"干部学校"，还有很多具有高等教育性质的干部学校则直接以"干部学校"命名之，如华北军政干部学校、山东抗日军政干部学校等。"大学"或"学院"与"干部学校"在中国共产党这里并无矛盾[①]。中国共产党高等教育在知识体系、学校制度等诸多方面，一开始就在"现代大学"影响之下。同时，由于留学苏联和留学欧、美、日的知识分子在根据地或解放区高校担任领导及执教，使得中国共产党

---

① 盖青.1921—1949：中国共产党创建和领导的高等教育研究（上）[M].广州：广东教育出版社，2012：270.

所办高校具有了一系列现代大学特征。然而，由于意识形态、教育理念、办学条件等方面的不同，党办高校既不同于国统区大学，也不同于国外各类大学，但却具有很多相同或相近的地方①。这种相同或相近主要体现在智育方面，即教学严谨规范。此外，中国共产党所办高校并不囿于"象牙塔"内，而是注重实践，注重解决实际问题，有着显著的理论与实际相联系的育人特质。晋察冀边区各高校创办之初就沿袭了中国共产党高等教育的优良传统，又结合自身地域文化特色，在智育方面也积累了宝贵的办学经验。

在一定程度上讲，课程、教学与管理的规范化、正规化是保证教学质量、人才培养水平的关键因素，直接影响着学校的办学水平，高等教育亦不例外。在晋察冀边区，很多高校创立之初就处于形势严峻的战争环境中，且基本都是在物质条件极为艰苦的农村地区。但各高校均始终注重课程、教学与管理的规范化、正规化，力求给学生提供更专业、更高质量的教育，培养较高水平的革命干部和技术人才。当然，由于客观物质条件的限制，根据地或解放区各高校的规范化、正规化远不能与同时代的西方国家的大学相比，也不能与国统区的高校相比。即便在张家口市办学期间，许多美国学者如费正清、费慰梅等，甚至包括安娜·路易斯·斯特朗在内，在参观华北联大后都认为"看上去只有中学水

---

① 盖青. 1921—1949：中国共产党创建和领导的高等教育研究（上）[M]. 广州：广东教育出版社，2012：270-271.

平"。但是，晋察冀边区各高校"看上去"与"实质上"还是有很大的差别，其"精致"的内涵远不是外国观察家参观几个小时就能真正把握的。

在抗战期间，晋察冀边区处于华北抗战的最前线，辖区内战争频发、自然条件恶劣、物资匮乏，办学条件极差。在教职员生命安全都不能得到保障的情况下，各高校只能采取军事化的制度和管理，一边战斗一边坚持办学。如晋察冀军政干校、抗战建国学院以及后来迁入的抗大二分校、华北联大，均设置专门的军事教育课程。其中，军政干校的军事教育课程占课程总量的一半，专业学校也至少占公共课程的三分之一（见附表：晋察冀边区各高校课表汇总，表6-1、表6-2、表6-3、表6-5）。这种军事教育课程不仅是理论层面的，也包括实践层面的，与当代大学生的军事理论课以及军训十分类似且存在一定的沿袭关系，只不过在战争期间军事课程与训练所占比重相对较大。此外，由于所处战争环境，将军事理论课与战斗实际相联系成为这时高校教学的一大特色，形成了"背包上的课堂""行军教学"等多种独特、新颖的办学形式，也创造出"小黑板制度""小先生制""留洋制""指名点将、互问互答""小标语""起外号""讨论会"等多种多样、独特的学习方法，有效促进了学习，巩固了知识。同时，为了给学生提供更加规范、专业的高等教育，一方面，晋察冀边区广泛吸收沦陷区的爱国知识分子和青年学生到根据地工作；另一方面，根据地各高校教职员也自己动手编写教材、制作教具、规划教学计划等。在这个问题上，白求恩学校是较为典型的例子。为了办好一所培养医疗技术人才的干部学校，白校在筹建之初，教员们不仅自己动手编写教材，还与学生一起自制教学标本、教具等。[①] 为进一步提高学校的办学水平，白校在办学过程中不仅动员了北平、天津各地的著名医疗人才到根据地工作，而且得到白求恩、柯棣华、傅莱等外籍教员的倾情帮助，甚至团结了稗田宪太郎、津泽胜等日籍教员和医护人员。[②] 在整个抗战期间，只要战争局势稍有缓解，晋察冀边区各高校便积极开展"正规化"办学的探索。可见，无论办学条件多么艰苦，晋察冀边区高等教育始终追求建立规范化与正规化的课程、教学与管理，且与实际工作相联系，以提高教学质量。

争取和平民主时期，晋察冀边区各主要高校迁入张家口市办学。在中国共产党的积极努力下，全国迎来了相对的、短暂的和平时期。在此期间，各高校在晋察冀边区首府张家口市开展城市内稳定正规化办学的探索，努力建立新型的正规化高校。各高校在课程、教学及管理等方面都更加规范化、正规化，教学质量得到切实提高。例如，华北联合大学调整了课程结构，形成了公共

---

① 王谦.晋察冀边区教育资料选编（干部教育分册）（上）[M].石家庄：河北教育出版社，1990：259.

② 张金辉.晋察冀解放区高等教育研究（1937—1949）[M].北京：中国言实出版社，2018：155、160、200.

课与专业课相结合、理论课与实践课相结合的课程布局（见附表：晋察冀边区各高校课表汇总，表6-6）；白求恩医科大学继续发扬"教学做合一"的优良办学传统，形成了多种多样的学习方法，并对教学、实验乃至实习等工作都做了进一步的规范；晋察冀工业专门学校通过考试划分教学班次，并设置相应的课程，以保证教学质量、提高教学效果。在管理方面，各高校都建立健全了机构设置，制定了相应的管理制度，以加强对学校的各项管理。例如，华北联大建立了校务会议制度，晋察冀工业专门学校设置了教导处、总务处和秘书室等管理机构，还建立了化学实验室、制图教室和图书馆，制定了每日学习10小时制度、批改作业制度和考试制度等。可见，相较于抗战时期，各高校的教学工作更加严谨认真，提高了教学质量，积累了在城市内稳定正规化办学的宝贵经验。同时，与社会实践相联系仍旧是这一时期办学的一大特色。虽然处于相对和平的环境，但各高校学生并未宅在学校内，而是经常开展社会实践。如白求恩学校曾停课支前，华北联大师生与市民群众开展联欢活动，晋察冀工专也曾走街串巷宣传党的方针政策，等等。吴仲端曾回忆："现在回忆起过去'工专'学习时的情景，最深刻的印象是，它不是关门办学，闭门读书，而是特别重视学生的社会实践，使学生不脱离社会，不脱离人民群众。"[①]

---

① 吴仲端.革命熔炉——回忆母校 [A]. 刘朝兰. 晋察冀边区工业专门学校史料 [M]. 北京：北京理工大学出版社，1995：67.

全面内战爆发后，由于国民党反动派对解放区发动进攻，晋察冀边区也很快陷入战火之中。此时，白求恩医科大军医第13、14期学生暂时中断学习，全部调出学校，支援解放战争；附属医院扩大了收容量，积极收治伤员；外科教员和高年级学生也组成战地手术组，开赴前方参加救治工作。张家口失守后，各高校恢复战时状态并从城市转移到农村办学。为适应战争环境，快速培养解放战争急需的各类干部和技术人才，各高校纷纷恢复战时教育体系，压缩编制、精简机构、缩短学制、改革课程等。其间，像华北联大这类重文科的高校，更加注重理论联系实际，在实践中培育人才。比如，华北联大文艺学院及文工团经常组织前线慰问演出，各院系分成土改工作队开赴农村参加当地的土改运动。[1]白求恩医大、晋察冀工专等重技术类的高校，则是缩短学制、精练教学内容、改进教学方法，强调"教学一致""学用一致"[2]。解放战争进入反攻阶段后，晋察冀边区域内局势日趋稳定，各高校的教学工作再次转向专业化、正规化。尤其是晋察冀与晋冀鲁豫两大区合并后，为满足城市接管工作及全国胜利后建设新中国的需要，华北人民政府对域内各高校进行了整合重组，进一步开展"新型正规化"高等教育建设的探索和实践。各高校的课程、教

① 张金辉.晋察冀解放区高等教育研究（1937—1949）[M].北京：中国言实出版社，2018：223.

② 王谦.晋察冀边区教育资料选编（干部教育分册）（上）[M].石家庄：河北教育出版社，1990：292.

学与管理体制等都更正规，教学更加严谨规范，办学质量进一步提高。

总之，教学严谨规范是现代大学教育普遍遵循的育人原则。尤其在智育方面，严谨的课堂教学、规范的教学设置是培养专业人才必要的前提。然而，如何在学习期间做到理论联系实际，在实践中出真知、在实践中培养人，仍旧是现代大学教育需要认真思考与对待的教育问题。除了一些特殊专业的常规实习外，在专业培养上如何引导大学生走出学校、走向社会，与群众打成一片，晋察冀边区高等教育可以说积累了非常好的经验。如果说，战争环境下游走驻村式的游击办学更多是客观上与群众密切了联系，那么，在张家口市区办学的一年仍坚持与群众的血肉联系就是边区高等教育在智育层面的重要特色。即便在当前和平年代，高校也应广泛开展社会实践，使大学生与人民群众密切联系，将所学的知识与社会生活相结合，做到理论联系实际，这是十分重要的育人原则。

三、体育：贯彻军事训练，融入日常教学

中国共产党在教育工作中高度重视体育。毛泽东同志在青年时期曾发表《体育之研究》，以近代科学的眼光，就体育的概念、目的、作用，以及体育与德育、智育的关系，体育锻炼的原则和

方法等问题作了详尽的讨论。毛泽东同志认为："体育一道，配德育与智育，而德智皆寄于体。无体是无德智也。"[①] 早在土地革命战争时期，学校体育就具有为革命战争服务的明确的政治方向，以后的抗日根据地或解放区学校体育，一直沿着这一方向发展。中国共产党领导下的学校体育大都以军事训练为主，比如，射击、刺杀、劈刀、跑步、抢山头等活动。在抗战期间，学校教育坚持体育运动军事化，在解放战争期间形成以射击、刺杀、投弹三大技术为主的军事体育训练热潮。革命战争年代的学校体育，在极艰难的条件下，形成了艰苦奋斗、自力更生、革命化、战斗化等风格，有力地配合了各个时期的革命斗争。可以说，在新民主主义革命时期，党领导的军事体育探索实践，给中国共产党注入了强大的革命驱动力。体育与军事的结合对革命武装力量战斗力的提升起到了重要作用。在根据地或解放区，党的高等教育亦是如此，各高校的生活均实行军事化管理，"特别注意把军事与体育结合起来"[②]。

抗战时期，全国各抗日民主根据地在不同时期，都不同程度地开展了体育活动。八路军总部曾多次召开小型运动会，比赛项目有球类、田径和军事体育项目等。其他抗日根据地也开展了体育活动。例如，在晋察冀边区所属的冀中军区，1941年"五一"

---

① 二十八画生.体育之研究[M].北京：人民体育出版社，1958：4-5.
② 杨玉厚.中国课程变革研究[M].西安：陕西人民教育出版社，1993：221.

和"五四"曾举办过运动会，战士们曾化装穿过封锁线到敌占区天津买回篮球和关于比赛规则等体育书籍，还曾派出一支篮球队，穿过封锁线，到晋察冀军区去参加庆祝"七一"篮球比赛[①]。为适应革命和抗战的需要，干部教育（具有高等教育性质的干部学校）也有很大的发展，并坚持军事与体育相结合。尤其是在延安，各种干部学校纷纷建立，如抗日军政大学、军政学院、行政学校、陕北公学、鲁迅艺术学院、延安工人学校、安吴堡战时青年训练班等，在发展文化教育的同时，还大力提倡体育运动，学校体育也很突出。"以延安中央党校为例：该校学员大多是年纪较大的干部，但在老同志的带动下，校内体育活动仍然热气腾腾。学员们自己动手，开辟了不少运动场地，几乎是每两个党支部就有一个排球场，每三四个党支部就有一个篮球场。此外，足球、跳高、跳远、双杠、石锁、太极拳、滑冰、游泳等活动也都开展起来。"[②]同时，包括延安在内的解放区妇女们也积极参加体育锻炼。据载，延安女子大学的体育运动就很有生气。1941 年"三八"妇女节这天，延安"女大"学生表演了有数百人参加的舞蹈、团体操，以及组字等节目[③]。

在晋察冀边区，像华北联大、抗大二分校这样从延安迁入的

---

① 乔丹，程成. 体育史辞典 [M]. 呼和浩特：远方出版社，2007：132.
② 杨玉厚. 中国课程变革研究 [M]. 西安：陕西人民教育出版社，1993：220.
③ 杨玉厚. 中国课程变革研究 [M]. 西安：陕西人民教育出版社，1993：220.

高校，在体育教育方面自然也沿袭了延安的体育传统，并带动了边区其他大中小学校共同开展军事体育活动。例如，郭汉城[1] 于1938 年到陕北公学学习，后随华北联大迁入晋察冀边区，在华北联大社会科学部研修继续学业，毕业后分配到河北省平山县南庄第五分区第五中学任教[2]。"当时学校的体育设施太简单了。郭汉城先生为了增强学生体质，就因陋就简，每天早晨带领学生们在南庄绕街长跑。在体育课上，他对学生们进行队列训练；课外活动，则让他们去打篮球，间或也组织他们进行拔河比赛等。"[3] 在边区的各高校中，仍坚持军事与体育结合，体育教育内容有步法操练、射击、掷手榴弹、游击战术、野外作战演习、爬山等。因硬件设施有限，其他体育项目大致就是武术、跑步、爬山、队列队形练习和唱革命歌曲等。即便条件艰苦，晋察冀边区还是举办了一次学生运动会，即晋察冀边区第一届学生运动会，该运动会由华北联大牵头并在校部驻地举办。据成仿吾回忆："1942 年五一节，校部在北洪城村住地举行了一次大规模的体育运动会。运动项目中还有马拉松式的赛跑。"[4] 同时，在运动会期间，晋察冀军区摄影科

① 郭汉城（1917—2021），戏曲评论家，浙江省萧山人。1938 年入延安陕北公学学习，1943 年加入中国共产党。新中国成立后曾任中国艺术研究院副院长、戏曲研究所所长、《文艺研究》副主编（兼）等职。
② 郭汉城先生小传 [A]. 沈达人 . 近现代戏曲史论批评家丛谈 [M]. 北京：中国戏剧出版社，2021：256.
③ 张林雨 . 郭汉城评传 [M]. 太原：北岳文艺出版社，2018：23.
④ 成仿吾 . 成仿吾往忆 [M]. 北京：商务印书馆，2019：55.

在会上还办了摄影展览，沙飞、罗光达等还到会采访①，并用相机记录下了学生运动会的盛况②。

晋察冀边区第一届学生运动会场地设在华北联大校部所在地，平山县柏林村滹沱河北岸的一块平地上。此地离县城仅有40多公里，城里驻着日寇。开会、比赛时晋察冀军区均派部队警戒。主席台设在运动场旁的沙台上，用芦苇席搭成。参加运动会的高校有华北联大、抗大二分校；中等学校有抗大附中、冀中军区随营学校和当地的一些中学。上午9时许，各校学生从四面八方入场，连同附近的农民观众，共有4000余人，啦啦队员们在兴高采烈地拉唱抗战歌曲。10时整，主持人用铁皮做成的喇叭高声宣布开幕式正式开始。大家齐唱《华北联大校歌》歌毕，华北联大校长成仿吾率300名运动员，沿着400米长的跑道绕场一周，有欢乐、雄壮的锣鼓与军号伴奏。然后是首长、学校代表、运动员、裁判员代表轮流讲话。比赛项目主要有篮球、排球、双杠、单杠、跳高、跳远、撑竿跳、铅球、拔河等。赛跑项目一项就有60米、100米、200米、500米、800米、1000米、10000米等多项，分为男子、女子、少年等组。晚上还有华北联大文工团和晋察冀边区政治部抗敌剧社的联合演出，为大会助兴。③这次运动会共举行

① 顾棣.中国红色摄影史录（上）[M].太原：山西人民出版社，2009：117.
② 沙飞.沙飞纪念集（摄影集）[M].深圳：海天出版社；太原：山西人民出版社，1996：186.
③ 张林雨.当代戏曲理论家郭汉城评传 [M].北京：中国戏剧出版社，2016：39-40.

了 12 天，所有参赛或亲临现场的师生都感受了"友谊第一，比赛第二"的竞赛风格，增强了自身为抗战而练好身体的信念，进一步认识了"身体是革命的本钱"的道理，牢固树立了"健康第一"的理念。

当然，晋察冀边区学生运动会在抗日战争和解放战争期间仅举办过一次。包括各高校在内，晋察冀边区的学校体育基本都融入日常的教学工作中，贯彻军事训练，与军事训练有机结合在一起。例如，晋察冀军政干校、抗战建国学院、华北联大、抗大二分校、华北军政大学均设置了军事课（见附表：晋察冀边区各高校课表汇总，表 6-1、表 6-2、表 6-3、表 6-5、表 6-7）。军事教育的课时比例，根据所培养人才类别的不同，大致为 1/3 到 1/2。像晋察冀军政干校、抗大二分校这类军政院校，由于培养目标的需要，军事课占比极高。其中，白求恩学校并未设置军事教育课程，其原因可能有二：一是当时白求恩学校学生由部队选送，原本就是具有一定军事素养的军医，到白校属于培训性质；二是白求恩学校有实习任务，战争年代的实习基本上就是上战场救护，同样也是培养学生的军事素养。除了课程设置军事课以外，平日的教学也融入体育内容。《边中纪事》（晋察冀边区联合中学）曾记载 1946 年暮春的"一次别开生面的测试"：在操场的墙上、树上、篮球架上挂上考试题目，学生在远处集合后，跑向"考试题目"，跑得快的可以挑选，然后答题。这样的考试别具一格，若想挑选考题必然先锻炼体魄，将体育完全融入了日常教学中 ①。此类型的考试，虽不特指晋察冀边区的某一高校，但也说明在晋察冀边区的学校中，体育融入日常教学是较为惯用的方式。至华北大学成立后，华北大学专门设置了军体室 ②，后逐步设立体育教研室、体育系等。"军体室"的设置就体现出革命战争年代军事与体育的紧密结合。时至今日，中国各高校的军训仍是大学人才培养的规定科目与重要内容，虽然不再贯彻军事训练，也没有将军事与体育有机结合并融入日常教学工作，但革命年代这一特殊的学校体育模式，还是能够给我们带来诸多的启发。

四、美育：结合意识形态，形式丰富多彩

美育，从广义上讲，是指通过培养人认识美、体验美、感受美、欣赏美和创造美的能力，从而使人具有美的理想、美的情操、美的品格和美的素养。狭义的美育专指"艺术教育"。在学校中开展的美育，主要是艺术教育。通过文学、音乐、图画、戏剧、电

---

① 贾巨才，郎琦. 晋察冀边区首府张家口教育事业研究 [M]. 北京：红旗出版社，2015：116.
② 张瑞林. 教育部直属综合性大学体育改革与发展（1990—2010）[M]. 济南：山东大学出版社，2010：238.

影、舞蹈等，让学生观察和欣赏自然美，引导学生体验社会生活美和劳动美，组织学生参加各种艺术实践活动，发展其创造艺术美的才能和兴趣等。在革命战争年代，中国共产党的美育立足于服务革命、服务工农兵，结合党的宣传工作积极开展美育。同时，将学校美育与社会美育有机结合，以文艺化导人心。对全社会成员普遍实施审美教育活动，目的是提高人民的审美素质、思想道德素质、科学文化素质，为民族解放和国家独立而感召"革命者"，为实现新民主主义革命胜利而努力奋斗。如毛泽东同志1942年在延安文艺座谈会上的讲话指出："要使文艺很好地成为整个革命机器的一个组成部分，作为团结人民、教育人民、打击敌人、消灭敌人的有力武器，帮助人民同心同德地和敌人作斗争。"[1]

在晋察冀边区创立伊始，美育仍旧坚持学校美育与社会美育的有机结合，服务于党的宣传教育或意识形态工作。其中，华北联大文艺部（文艺学院）成为抗日战争和解放战争期间晋察冀边区美育的"主心骨"。通过"表6-2：华北联合大学文艺部课程表（1939年）"可见，文艺部设文学系、美术系、戏剧系、音乐系共四个系。其中，专业课主要是"概论"课。从现代大学教育的角度看，专业课设置明显不足，其原因有二：一是师资力量欠缺。虽然有大量的文艺工作者、文化名人加入中国共产党的抗日队伍，

---

[1] 毛泽东选集（第3卷）[M]. 北京：人民出版社，1991：848.

但相比于国统区仍"势单力孤"。二是社会实践较为丰富。由于文艺宣传工作要深入群众，因而华北联大文艺部特别注重在实践中学习与锻炼，向广大人民群众"求教"，理论课程相对较少，这也恰恰弥补了师资力量的不足。在晋察冀边区，以华北联大文艺学院为主导，广泛开展了文学、美术、戏剧、音乐等与美育相关的教育与活动，形式丰富多彩，并结合党的方针政策有效开展了意识形态宣传工作，教育了边区广大干部群众和子弟兵，为抗日战争和解放战争的胜利作出了重要贡献。

在文学创作方面，晋察冀文学在整个解放区文学中占有重要地位。在抗日战争和解放战争期间，晋察冀文学作品大都发表于《晋察冀日报》（含《抗敌报》），边区首府迁入张家口市后，曾创办过大量期刊（如《北方文化》），出版过文学作品选集（如《解放区短篇创作选》）等，具体创作数量已难考究。以《晋察冀文学作品选》[①]来看晋察冀革命文学，可以发现文学作品主要有短篇小说、散文、报告文学等，短小精悍、脍炙人口，反映了晋察冀人民群众英勇的抗日斗争故事、轰轰烈烈的土地改革过程以及解放军的英雄事迹等。作品具有鲜明的意识形态性，通过文学宣传党的各项政策，在革命年代的教育效果十分显著。同时，有相当一部分作品是华北联大教职员或在华北联大学习过的学生创

---

① 王剑清，冯健男 . 晋察冀文学作品选 [M]. 天津：天津社会科学院出版社，1990.

作的，反映出高校美育与社会美育的紧密结合。例如，孙犁（曾在冀中抗战学院任教，在华北联大做过编辑和教学工作）的《荷花淀》发表于《解放日报》副刊，以传奇性的故事，优美动人的语言，展现了晋察冀人民的精神风貌，反映了冀中人民的斗争生活，引起国内文坛的关注。再如，康濯（曾在华北联大文工团任政治干事及文学组组长）的《我的两家房东》收入《解放区短篇创作选》，小说通过金凤姐妹俩争取婚姻自由的故事，热情讴歌了解放区民主改革的胜利。小说虽没有尖锐的矛盾冲突，却写得曲折有致、娓娓动人，显示了朴实清新的艺术风格。还有曾在华北联大工作或学习的葛文、丁克辛、古力高、徐光耀、俞林、秦兆阳、管烨、田间、吴伯箫和韩塞等，创作的《新娘》《一天》《忍让》《家和日子旺》《老头刘满囤》《雨来没有死》《最后一颗手榴弹》《神秘的大苇塘》《不要杀他》等作品，均是解放区作家深入群众生活、开展文艺创作、宣传革命事迹的上乘之作。特别要提出的是，曾兼职于华北联大的丁玲，以参加华北联大组织的土改工作队，在张家口怀来县温泉屯开展土改工作的情况为原型，创作了长篇小说《太阳照在桑干河上》，以独特的视角，记录和再现了当时土改运动在晋察冀农村地区的推行状况，关注现实又关怀广大农民。该作可以说是红色经典之作，曾获得斯大林文学奖二等奖，其世界性影响也是显著的，为外国学者了解中国的历史作出了贡献。

在美术创作方面，抗战时期因晋察冀边区的印刷条件限制，美术作品鲜有登载，即便有一些插图也是粗线条勾勒，难以反映出插图背后的深意。抗战胜利后，晋察冀边区首府迁入张家口市，由于市区的原出版单位具有先进的印刷条件，以及纸张材料保障，技术人员支持等因素，加之大批美术人才从延安等地来到晋察冀工作，边区的新闻出版工作骤然升级。木刻版画、漫画等插图频繁出现在《晋察冀日报》上。这些插图精美绝伦、精妙入神，有反映抗战胜利后解放区民主生活的，有忆苦思甜描画敌伪统治黑暗的，还有歌颂典型树立榜样的，更有抨击国民党"假和平、真内战"反动本质的，等等。即便是不识字的人，通过看图也能领会其中的深意，所以这些图具有重要的思想政治教育价值。例如，戚单（曾任华北联大美术系教师）创作的《敌伪统治下的小学生生活》[①]插图（图6-1），形象地反映出伪蒙疆政权以暴力手段强制推行奴化教育，摧残少年儿童的场景，唤起群众对日伪统治的憎恨和对未来美好生活的向往。

---

① 戚单，熊焰配图.敌伪统治下的小学生生活——记扶轮小学高一甲的回忆运动 [N].
　晋察冀日报，1946-4-4（3）.

图 6-1 《敌伪统治下的小学生生活》插图

张望（曾任教于华北联大美术系）创作的《讨论候选人》[①]插图（图 6-2），以翻身女性为视角，反映出解放区妇女运动的现实情况，描绘了广大劳动妇女争取政治平等、经济平等、家庭平等的新画面。之后，《晋察冀日报》又选载的张望创作的《隗有清——纺织英雄介绍》[②]插图（图 6-2），宣传妇女典型人物，有着很好的榜样示范效应。

---

① 张望.讨论候选人 [N].晋察冀日报，1946-3-3（5）.
② 张望.隗有清——纺织英雄介绍 [N].晋察冀日报，1946-6-16（4）.

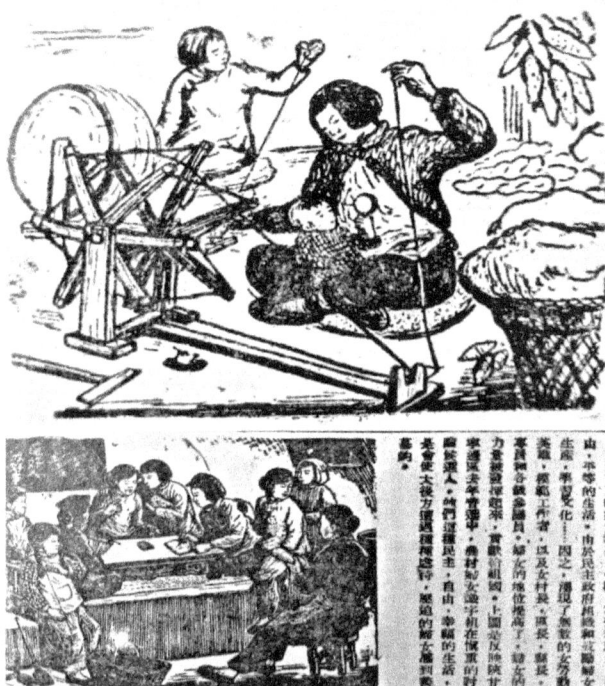

图 6-2 《隗有清——纺织英雄介绍》与《讨论候选人》插图

彦涵（曾任华北联大美术系教员）创作的《村选》[①]插图（图6-3），展示了陕甘宁农村解放区人民的精神风貌和工作成就，同时也反映出广大农村解放区正在掀起轰轰烈烈的民主运动。还有他的木刻作品《千古罪人一脉相传》[②]插图（图6-3），深刻揭示了蒋介石集团卖国求荣、反人民的丑恶嘴脸。值得一提的是，彦涵在晋察冀工作期间，曾以抗战中晋察冀边区战斗英雄集体"狼牙

①彦涵.村选[N].晋察冀日报，1946-2-17（5）.
②彦涵.千古罪人一脉相传[N].晋察冀日报，1946-7-2（4）.

山五壮士"为创作素材,创作了木刻连环画《狼牙山五壮士》,生动再现了革命军人英勇顽强、视死如归的革命斗争场景,形象鲜明、血肉丰满、感染力强。1945年,这套《狼牙山五壮士》经周恩来之手交给了美国朋友,并由美国《生活》杂志社以袖珍版出版,后被美军观察团又带到延安。该作品在当时起到了宣传抗战的重要作用,日后又成为世界反法西斯战争远东战场的历史见证。

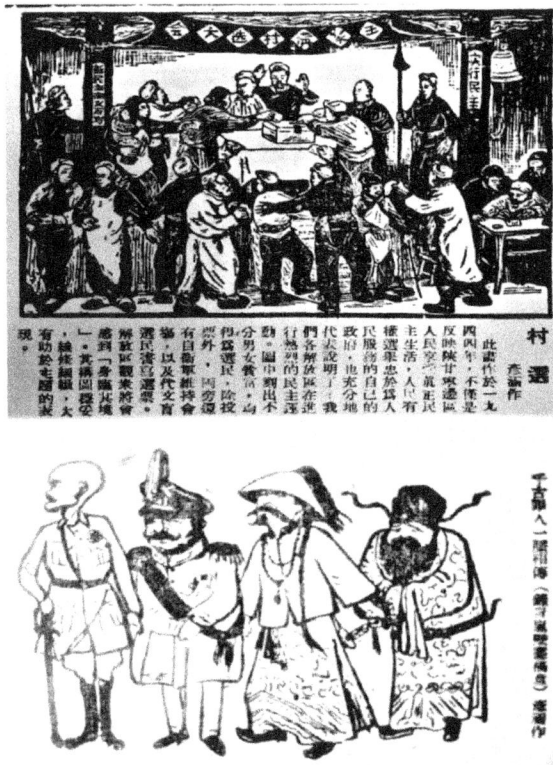

图6-3 《村选》与《千古罪人一脉相传》插图

同时,还有张仃(曾任华北联大美术系平津学生班主任)创作的《民族形式的希特勒》①，古元（曾任华北联大美术系教师）创作的《减租斗争》②，丁里（曾任华北联大美术系教师）创作的《为什么交通不能恢复》，施展（曾任华北联大文艺学院秘书）创作的《反恶霸》③，等等（图6-4）。这些作品都形象深入地刻画出抗战胜利后解放区的政治、经济、文化生活，抨击了国民党统治的黑暗，显示出华北联大美术系教师深厚的艺术功底，也为党的政治宣传工作贡献了力量。

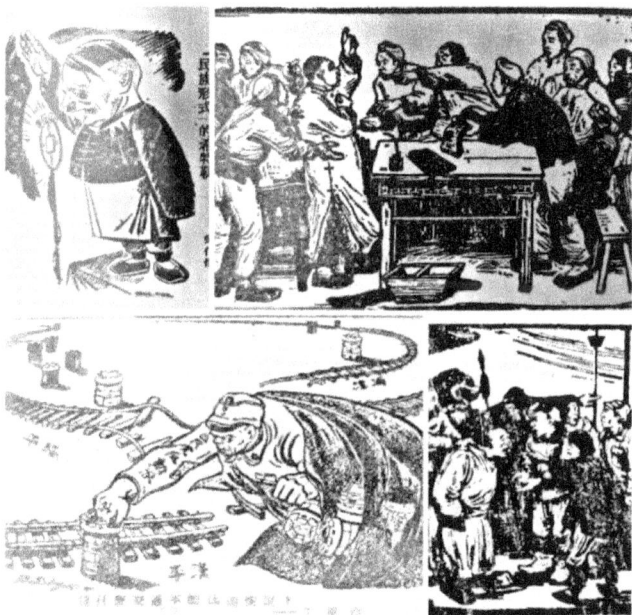

图6-4　《民族形式的希特勒》《减租斗争》《为什么交通不能恢复》《反恶霸》

---

① 张仃.民族形式的希特勒 [N].晋察冀日报，1946-3-14（1）.

② 古元.减租斗争 [N].晋察冀日报，1946-2-17（5）.

③ 施展.反恶霸 [N].晋察冀日报，1946-5-30（2）.

在戏剧创作方面，晋察冀边区开创初期，由于缺乏优秀的创作人才，原创戏剧较少，有影响的剧目为数不多。随着华北联大文艺部戏剧系和华北联大文工团迁入华北敌后，晋察冀戏剧创作开始活跃起来。抗战时流传最广、影响最大的是活报剧（以应时性、时事性为特征的戏剧类型）《参加八路军》。这部由华北联大文艺部戏剧系主任崔嵬编剧，吕骥、卢肃作曲，崔嵬、丁里导演的剧作对边区歌剧发展产生了深远影响。之后，晋察冀边区持续开展如火如荼、有声有色的群众戏剧运动，培养了众多优秀剧作者，推动了晋察冀戏剧创作的繁荣。较为知名的剧作有《王秀鸾》《子弟兵与老百姓》《我们的乡村》《李殿冰》《戎冠秀》《李国瑞》《我们的母亲》《灯娥记》《穷人乐》《兄妹开荒》《夫妻识字》等。编导、演出阵容除抗敌剧社、群众剧社等专门机构外，主要就是华北联大戏剧系及文工团。据载，华北联大戏剧系及文工团经常"到平绥东线参加土改，为翻身农民演出，又到大同前线去做战勤工作和慰问部队"[①]。"1946年春天，组织了两个慰问团，到前线慰问因争取和平民主事业而自卫的人民解放军的战士们"[②]，大大地鼓舞了部队的战斗精神。此外，扭秧歌或秧歌剧也在此间盛行，成为带动、感染群众的重要方式。"1946年春节是张家口解放后第一个春节。为开展拥军爱民活动，华北联大组织了三四百

① 丁帆.群星闪耀的机体：忆华北联大文工团 [J].党史纵横，1993（4）：9.
② 人民的大学：华北联大介绍 [M].苏州：苏南新华书店，1949：6.

人的大秧歌队在市内街头宣传"①，由"文工团团员吴坚、叶央、胡沙、狄之、陈强等教男同学扭秧歌，王昆、孟于、林白、孙铮等教女同学扭秧歌"②，"帮助新解放的张家口市民，把旧历年过的空前热闹"③。扭秧歌的过程中还穿插精心编制的小节目，唱词和节目均反映出对张家口胜利解放的庆祝和建设和平民主张家口的期望，受到当地群众的热烈欢迎。据队员回忆："从秧歌队伍里看着四周里三层外三层的老老少少，个个笑逐颜开，小孩子们不断地上来抢我们的绸子，老大爷、老大娘个个合不拢嘴，姑娘和小伙子们更是情不自禁，几乎也要下场来和我们同舞了。"④特别值得提及的是，曾在延安初演的歌剧《白毛女》也在晋察冀多次上演。当时演员在舞台上直接表演给观众看，演恶霸地主黄世仁的是著名表演艺术家陈强。在有的演出中，因陈强表演逼真曾被入戏太深的解放军战士用枪"瞄准"，所幸被及时发觉而未造成悲剧，但陈强也多次被台下观众的"飞来横物"砸中。在某次演出中还应观众要求加入"枪毙黄世仁"的尾场⑤，反映出《白毛女》具有很强的

① 马琦.华北联合大学的课余生活 [A].刘葆观.血与火的洗礼——从陕北公学到华北大学回忆录（1937—1949）（下）[M].北京：中国人民大学出版社，2007：450.

② 前民.从张家口扭到布达佩斯 [A].刘葆观.血与火的洗礼——从陕北公学到华北大学回忆录（1937—1949）（下）[M].北京：中国人民大学出版社，2007：424.

③ 人民的大学：华北联大介绍 [M].苏州：苏南新华书店，1949：6.

④ 前民.从张家口扭到布达佩斯 [A].刘葆观.血与火的洗礼——从陕北公学到华北大学回忆录（1937—1949）（下）[M].北京：中国人民大学出版社，2007：425.

⑤ 陕西省戏剧志编纂委员会.陕西省戏剧志（省直卷）[M].西安：三秦出版社，2000：594.

思想政治教育实效。

在音乐创作方面，华北联大音乐系、戏剧系、中文系及文工团一直坚持创作革命歌曲，用音乐教育学生、教育广大人民群众。在当代，音乐教育是学校美育的主要内容与途径，也是最受学生欢迎与期待的学科课程与实践活动，具有重要而独特的美育价值，在战争年代也不例外。晋察冀边区在十多年发展历程中，创作了大量音乐曲目，对鼓舞士兵战斗士气、坚定抗战胜利信心、宣传党的方针政策等发挥了重要作用。其中，在晋察冀诞生的《没有共产党就没有新中国》和《团结就是力量》，成为永恒的经典曲目，至今仍传唱不绝。《没有共产党就没有新中国》的词曲作者曹火星，曾在华北联大音乐系作曲专业学习。1943年秋天，曹火星被派到晋察冀平西根据地的房山县堂上村参加村里的减租减息运动，恰逢延安《解放日报》发表社论《没有共产党就没有中国》，他便以此为题，为宣传党的抗日和减租减息政策创作了该曲目。新中国成立后，毛泽东同志亲自加了一个"新"字，由此改为《没有共产党就没有新中国》。《团结就是力量》的词作者牧虹和曲作者卢肃分别任华北联大戏剧系和音乐系教员，两人还曾分别担任过文工团戏剧队长和音乐系主任。该曲是小型歌剧《团结就是力量》的幕终曲，其诞生也有深刻的历史背景。随着抗战进入最艰苦的相持阶段，社会上产生了一股消极抗战的逆流。牧虹和卢肃意识到全社会各种力量共同抗日的必要性，只有团结起来形成钢铁般的力量才能无坚不摧，所以创作了这首歌曲。此外，根据《晋察冀根据地歌曲选》①，还有相当一部分歌曲系华北联大教师或学生创作。例如，成仿吾（曾任华北联大校长）作词《边区儿童团歌》《华北联大校歌》，周巍峙（曾任华北联大音乐系主任）作曲《优待军属》，张非（曾任华北联大文工团音乐组副组长）作曲《拥政爱民公约歌》，王莘（曾任华北联大音乐系教员）作词曲《民主的察哈尔》，徐胡沙（曾任华北联大戏剧系教师）作词《教育工作者之歌》，刘沛（曾任华北联大文工团音乐队长）作词曲《土地大平分》，姚远方（曾任华北联大文艺学院教师、儿童演剧队队长）作词《边区儿童团》《小木枪》《小小叶儿哗啦啦》，丁里（曾任华北联大文工团团长）作词《胜利之歌》，蔡其矫（曾任华北联大文学系教员）作词《子弟兵进行曲》，邢野（曾在华北联大文工团戏剧组工作）作词《县选歌》，管烨（曾在华北联大中文系学习）作词《唱苏河》，羽山（曾在华北联大学习戏剧，后为文工团创作组成员）作词《庆祝胜利》，韩塞（曾在华北联大文艺学院讲授戏剧概论）作词《战斗进行曲》，等等。这些作品足见华北联大师生对晋察冀边区革命音乐创作的巨大贡献。

　　总之，晋察冀边区一直坚持学校美育与社会美育的有机结合，华北联大文学系、戏剧系、音乐系、文工团等在其中发挥了重要

---

① 晋察冀日报史研究会.晋察冀根据地歌曲选[M].晋察冀日报史研究会，1997：23-116.

作用。时至今日，高校的艺术创作、高校的美誉仍需坚持"人民至上"，而不应该坚持绝对的"艺术本位"或"艺术至上"。高校作为美育的重要阵地，如何与社会美育有机结合，仍旧是当今需要思考和实践的重要现实问题，华北联大的经验值得借鉴。

五、劳育：积极服务社会，教育生产结合

劳动可以树德、可以增智、可以强体、可以育美，在德智体美的培养中均离不开劳动技术教育。同时，教育与生产劳动相结合是马克思主义教育理论的基本原理之一。百年来，中国共产党始终把贯彻马克思主义"教劳结合"思想同中国的实际紧密结合，极大地促进了人的全面发展和社会生产的发展，有力支撑了中国革命、建设和改革事业。在革命战争年代，晋察冀边区始终坚持将教育与生活实际、生产劳动相结合，在社会生活和生产劳动的实践中对学生进行教育，边区的高等教育也是一样。晋察冀边区各高校绝不空谈理论，主张在革命战争的实际情境和实践战斗中，锻炼和提高学生的实际工作能力，做到学以致用、学用一致。同时晋察冀边区各高校鼓励学生参加各项生产劳动，既锻炼了学生的体魄、增强了学生的集体主义意识，也减轻了根据地人民群众的负担。如华北联大文艺部还专门设置了"生产劳动"课程（见附表：晋察冀边区各高校课表汇总，表 6-2），包括种菜、养猪、

耕种、收获等。此外，在实际战斗中、在社会实践中学习也可以看作一种特殊的劳动形式。晋察冀边区各高校一直坚持在实践中培养人，与德育、智育、体育、美育融合在一起。

抗战时期，教育与生活实际、生产劳动相结合，就是要与残酷的战争环境和艰苦的敌后斗争相结合，在战争的实际环境中培养和训练学生的战斗和工作能力。因此，晋察冀边区各高校在进行专业培训的同时，基本采取军事化的管理模式，开设军事教育类课程，进行军事训练，以适应复杂多变、残酷异常的敌后环境。例如，抗大二分校为了锻炼学生的实际战斗能力，通常以战斗的姿态教学，不仅开展军事训练、野战演习，还经常组织学生参加实际战斗。抗大二分校刚到晋察冀不久，就参加了陈庄战役，与敌人激战两天一夜，最终胜利完成掩护校部和后方机关转移的任务。除华北联大设置"劳动课程"坚持生产劳动外，白求恩学校等其他高校也在抗战困难时期，响应毛泽东同志"自己动手、丰衣足食"的号召，开展了大生产运动，可以实现一段时期内的自给自足。大生产运动，不仅减轻了晋察冀边区群众的负担，而且锻炼了学生艰苦奋斗、吃苦耐劳的精神。

在争取和平民主时期，教育与生活实际、生产劳动相结合，就是要与解放区的和平民主建设相结合，在相对和平稳定的环境中，开展稳定正规化办学的尝试，同时参与城市的治理与建设。例如，华北联大迁入张家口市区办学后，不仅调整了课程与教学，增设了许多专业课程,实现了对学生进行更专业化的教育和训练。同时,注重新解放城市的各项建设。一方面,配合城市的中心工作开展了多种多样的政治活动。例如,1946年5月,华北联大师生除参加张家口市参议员的选举外,还走上街头进行各种宣传和组织工作。另一方面,积极参加生产劳动,锻炼劳动技能,密切与群众的情感联系。例如,1946年4月,华北联大全体教职学员一律参加挖修市外西沙河的工程;7月,大部分教职学员又去乡村实习,帮助政府推行"耕者有其田"的政策,参加当地的土地改革。晋察冀边区驻张家口其他高校也参加了与张家口市民欢度春节、乡村实习,市容市貌整顿、疏浚西沙河、清理城市垃圾等工作。教育与生活实际、生产劳动结合,目的就是"考验所学是否能与实际工作结合"①,学校领导、教师还经常"嘱咐同学们要在工作中多研究实际问题……不要死背教条,要把理论与工作很好地结合起来"②。

在解放战争时期,教育与生活实际、生产劳动相结合,就是要与解放战争的环境和国家建设的需要相结合。在战争环境中,晋察冀边区各高校坚持锻炼学员的实际战斗能力;在国家建设的过程中,晋察冀边区各高校培养各行各业建设工作急需的技术人才。全面内战爆发后,晋察冀边区各高校从城市转移到农村坚持

① 市学联开委员会研讨暑期工作 [N]. 晋察冀日报,1946-7-15(2).
② 联大美术系欢送同学下乡 [N]. 晋察冀日报,1946-7-21(2).

办学，并结合解放区土地改革斗争的实际需要，组织土改工作队和宣传队，深入农村开展土地改革政策宣传，帮助驻地附近群众开展土地改革斗争。例如，华北联大文工团在参与驻地土地改革的过程中，还在附近农村进行了文艺演出。这不仅对群众产生了深刻的教育作用，而且还锻炼和提高了学员的专业技能，充分体现了教育理论与现实联系、教育实践与生活实际、生产劳动相结合。可以说，教育服务社会、服务人民功能的实现，要求教育与社会生活、生产劳动密切联系。

综上所述，晋察冀边区高等教育在抗日战争的硝烟中创立和初步发展；在争取和平民主的憧憬中积极开展城市内稳定正规化办学的探索；在解放战争的胜利中整顿与提升，为革命战争和国家建设培养和输送了大批革命干部和技术人才，积累了德育、智育、体育、美育、劳育等方面的宝贵经验。教育是国之大计、党之大计。培养德智体美劳全面发展的社会主义建设者和接班人，是当今教育工作者的神圣使命。如何吸取晋察冀边区高等教育在德智体美劳五方面的经验？应该说，一些战争年代能做好的事，当今时代应该做得更好；一些战争年代没有条件做的事，当今时代应该努力去做；一些战争年代做得不够好的，当今时代应汲取教训。

附表：晋察冀边区各高校课程设置表汇总

表 6-1　晋察冀军政干部学校课程设置表（1938 年）[①]

课程类别	课程设置	毕业考核形式	毕业考核内容
军事教育	单个教练、射击、投弹、刺杀；连以下基本战术、战斗动作、游击战术、夜间战术；综合性学习	野营实战演习	进攻、防御、遭遇战、防控、野战勤务、利用地形地物
政治教育	战时政治工作、群众工作、政治经济学、社会发展史、哲学、各种基本政策	测验、讨论	—

表 6-2　华北联合大学文艺部课程表（1939 年）[②]

院部	系别	公共课			专业课
		政治	军事	生产劳动	
文艺部	文学系	共产主义与共产党等党课教育，国内外政治形势教育报告	军事知识、游击战术、制式教练、连教练和军事演习	种菜、养猪、耕种、收获	文学概论
	美术系				美术概论，木刻宣传画创作法
	戏剧系				戏剧概论、导演、表演技巧
	音乐系				音乐概论

---

① 曹剑英等 . 晋察冀边区教育史 [M]. 石家庄：河北教育出版社，1995：41.

② 郎琦等 . 晋察冀边区首府张家口高等教育探研 [J]. 河北师范大学学报（教育科学版），2013（4）：48-53.

表6-3　抗大二分校军事队课程表（1940年）①

课程类别	所占比例	课程设置
军事训练	50%	游击战争、战略战术、炮兵、测绘、地形、射击救护等
政治教育	30%	政治常识、党的基本知识、社会科学概论、哲学、政治工作学、中国革命运动史、时事教育（1942年底增设）等
文化教育	20%	国语、历史等
抗大二分校军事队的军事训练和政治教育分别占全部授课时间的2/3和1/3，政治队的实践比重正好相反。从第三期开始，由于学员的文化程度较低，文盲半文盲学员占70%，学校调整学时比例，增加文化教育的比重。1942年精兵简政后，再次调整时间比例，受旧型正规化思想影响，文化教育比重大大增加。		

表6-4　白求恩学校军医期课程设置表（1940年）②

课程类别	课程设置	时间安排
政治教育	辩证唯物主义、政治经济学、中国革命基本问题、党的方针政策、时事教育等	占总课时的1/5
预科	医学史、外国语、人体组织学、解剖学	2个月
基础课	解剖、生理、病理、诊断、药物、细菌	6个月
临床课	内科总论、外科总论、外科各科、眼科、五官科、皮肤花柳科、军队卫生科、毒气学、理疗、妇产科	6个月
实习	—	4个月

表6-5　抗战建国学院课程设置表（1940年）③

抗战建国学院课程设置表	
课程类别	课程设置
政治类	统一战线、社会科学概论、政治常识、民主政治、基本政策
军事类	游击战术、步兵战术
业务类	财政工作、税务工作、助理员工作、银行工作等

---

① 张金辉.晋察冀解放区高等教育研究（1937—1949）[M].北京：中国言实出版社，2018：140.

② 王谦.晋察冀边区教育资料选编（干部教育分册）（上）[M].石家庄：河北教育出版社，1990：264-265.

③ 王谦.晋察冀边区教育资料选编（干部教育分册）（上）[M].石家庄：河北教育出版社，1990：61.

表 6-6　华北联合大学在张家口办学期间课程设置表（1946 年）[①]

学院	系别	校级 公共课	院级 公共课	专业课
法政 （政治） 学院	政治系	新民主主义论、国民党的批判、中国共产党章程、思想方法论、专题报告、形势报告、时事报告	辩证唯物主义、科学社会主义、政治经济学、联共（布）党史、中国革命史	马列主义、国家与法的理论、法的实质、新旧法比较、边区政权建设
	财经系			《资本论》、边区经济建设、工厂实习
教育 学院	教育系		教育概论、文教政策	教育行政、小学教育、社会教育
	史地系			中国通史、近代世界史、中国地理、历史研究法及教学法、地理研究法及教学法
	国文系			国文选读、文法、修辞、问题研究、国文教学法
文艺 学院	文学系		文艺讲座、社会科学概论、国文	文学概论、近代中国文学史、创作方法、民间文学、文法与修辞、中外作品选读、写作练习、文学活动
	美术系			美术概论、色彩学、解剖学、素描、创作实习、室外写生、中外著名画家研究、作品研究、民间美术研究
	戏剧系			戏剧概论、戏剧运动史、舞台技术、化妆、编剧、导演、表演、秧歌舞、民族舞蹈、排演
	音乐系			音乐运动史、民间音乐研究、作曲法、指挥、乐队、乐器、乐理、识谱、唱歌
	新闻系			新闻学概论、编辑、采访、专题性课程
外国语 学院	俄文系			读本、文法、会话、文选、苏联历史、作文、翻译
	英文系			英文文章选、文法、翻译（口译及笔译）、作文、会话

[①] 张金辉，郎琦等. 中国人民大学办学正规化现代化的重要时期——华北联大在张家口办学的历史考察与价值分析 [J]. 河北北方学院学报（社会科学版），2013（4）：75-80.

表 6-7　华北军政大学课程设置表（1948 年）①

课程类别	课程设置
政治教育类	马克思主义基本理论、中国革命的基本问题与中国共产党、时局与任务、战时政治工作、党的政策（新民主主义革命的总路线总政策、土地政策、城市工商政策、新区政策、俘虏政策）
军事教育类	战术概则：进攻战、攻坚战、山地战、水网战、河川战、各兵种协同战术
	技术训练（炮兵、工兵）：爆破、架桥、坑道作业、筑城训练

① 张金辉. 晋察冀解放区高等教育研究（1937—1949）[M]. 北京：中国言实出版社，2018：235.

主要参考文献

一、著作类

［1］毛泽东选集（第2卷）[M]. 北京：人民出版社，1991.

［2］毛泽东选集（第3卷）[M]. 北京：人民出版社，1991.

［3］毛泽东文集（第3卷）[M]. 北京：人民出版社，1996.

［4］毛泽东文集（第4卷）[M]. 北京：人民出版社，1996.

［5］毛泽东选集 [M]. 北京：人民出版社，1966.

［6］李公朴. 华北敌后：晋察冀 [M]. 山西太行文化出版社，1940.

［7］吕正操. 冀中回忆录 [M]. 北京：解放军出版社，1984.

［8］人民的大学：华北联大介绍 [M]. 苏州：苏南新华书店，1949.

［9］李公朴. 华北敌后——晋察冀 [M]. 北京：生活·读书·新知三联书店，1979.

［10］中央教育科学研究所. 老解放区教育资料（一）土地革命战争时期 [M]. 北京：教育科学出版社，1981.

［11］成仿吾. 战火中的大学：从陕北公学到人民大学的回顾 [M]. 北京：人民教育出版社，1982.

［12］王铁. 中国教育方针的研究：新民主主义教育方针的理论实践 [M]. 北京：教育科学出版社，1982.

［13］河北省社会科学院历史研究所. 晋察冀抗日根据地史料选编（上）[M]. 石家庄：河北人民出版社，1983.

［14］中国人民政治协商会议全国委员会文史资料研究委员会. 革命史料（10）[M]. 北京：文史资料出版社，1983.

［15］中共重庆市委党史工作委员会，重庆市政协文史资料研究委员会. 重庆谈判纪实 [M]. 重庆：重庆出版社，1983.

［16］河北省档案馆. 河北革命历史大事记（第三册）[M]. 河北省档案馆，1984.

［17］河北省地名办公室. 河北省地名志（石家庄市分册）[M]. 河北省地名办公室，1984.

［18］李志民. 革命熔炉 [M]. 北京：中共党史资料出版社，1986.

［19］中央教育科学研究所. 老解放区教育资料（二）抗日战争时期（上册）[M]. 北京：教育科学出版社，1986.

［20］政协全国委员会文史资料研究委员会《文史资料选辑》编辑部. 文史资料选辑（第11辑总111辑）[M]. 北京：中国文史出版社，1987.

［21］张琪岩等. 冀西民训处与冀西游击队 [M]. 石家庄：河北人民出版社，1989.

［22］《晋察冀抗日根据地》史料丛书编审委员会，中央档案馆. 晋察冀抗日根据地（第1册）文献选编（上）[M]. 北京：中共党史资料出版社，1989.

[23]皇甫束玉等．中国革命根据地教育纪事（1927.8—1949.9）[M]．北京：
教育科学出版社，1989.

[24]《白求恩医科大学校史》编辑委员会．白求恩医科大学校史（1939—
1989）[M]．成都：四川人民出版社，1989.

[25]刘民英．稗田宪太郎：八路军中的一位日本著名教授 [M]．北京：人
民军医出版社，1989.

[26]中共中央组织部知识分子工作办公室等．知识分子政策文件汇编
（1983—1988）[M]．沈阳：辽宁大学出版社，1989.

[27]中共河北省委党史研究室．中国共产党河北历史大辞典 [M]．北京：
中共党史出版社，2002.

[28]王谦．晋察冀边区教育资料选编（干部教育分册）（上）[M]．石家庄：
河北教育出版社，1990.

[29]王谦．晋察冀边区教育资料选编（教育方针政策分册）（上、下）[M]．
石家庄：河北教育出版社，1990.

[30]王谦．晋察冀边区教育资料选编（回忆录分册）[M]．石家庄：河北教
育出版社，1990.

[31]校史编委会．培养科技干部的摇篮：北京理工大学发展史 [M]．北京：
北京理工大学出版社，1990.

[32]郭志刚，章无忌．孙犁传 [M]．北京：北京十月文艺出版社，1990.

[33]王剑清，冯健男等．晋察冀文学作品选 [M]．天津：天津社会科学院
出版社，1990.

［34］董纯才等. 中国革命根据地教育史（第二卷）[M]. 北京：教育科学出版社，1991.

［35］王用斌等. 晋察冀边区教育资料选编（续集）[M]. 北京：北京师范大学出版社，1991.

［36］教育大辞典编纂委员会. 教育大辞典（第3卷）[M]. 上海：上海教育出版社，1991.

［37］孙犁. 孙犁文集（三）[M]. 天津：百花文艺出版社，1992.

［38］谢忠厚等. 晋察冀抗日根据地史 [M]. 北京：改革出版社，1992.

［39］中国人民政治协商会议天津市委员会文史资料研究委员会. 天津文史资料选集（第57辑）[M]. 天津：天津人民出版社，1992.

［40］杨玉厚. 中国课程变革研究 [M]. 西安：陕西人民教育出版社，1993.

［41］廖盖隆等. 毛泽东百科全书 [M]. 北京：光明日报出版社，1993.

［42］宣化县地方志编纂委员会. 宣化县志 [M]. 石家庄：河北人民出版社，1993.

［43］崔相录. 东方教育的崛起——毛泽东教育思想与中国教育70年 [M]. 开封：河南教育出版社，1993.

［44］《中国教育事典》编委会. 中国教育事典·高等教育卷 [M]. 石家庄：河北教育出版社，1994.

［45］郑登云. 中国近代教育史 [M]. 上海：华东师范大学出版社，1994.

［46］刘宪曾，刘端棻. 陕甘宁边区教育史 [M]. 西安：陕西人民出版社，1994.

［47］许文博. 中国解放区医学教育史 [M]. 北京：人民军医出版社，1994.

［48］曹剑英等. 晋察冀边区教育史 [M]. 石家庄：河北教育出版社，1995.

［49］中国人民解放军历史资料丛书编审委员会. 院校·回忆史料 [M]. 北京：解放军出版社，1995.

［50］龚焕文. 河北省志·第 34 卷·国防科技工业志 [M]. 北京：中国书籍出版社，1995.

［51］刘朝兰. 晋察冀边区工业专门学校史料 [M]. 北京：北京理工大学出版社，1995.

［52］中共河北省委党史研究室. 晋察冀解放区首府张家口 [M]. 北京：中共党史出版社，1996.

［53］张毅，易紫. 中国铁路教育的诞生和发展（1871—1949）[M]. 成都：西南交通大学出版社，1996.

［54］沙飞. 沙飞纪念集（摄影集）[M]. 深圳：海天出版社；太原：山西人民出版社，1996.

［55］余飘等. 成仿吾传 [M]. 北京：当代中国出版社，1997.

［56］宋荐戈等. 成仿吾教育实践与教育思想 [M]. 长沙：湖南教育出版社，1997.

［57］《吴砚农纪念文集》编辑组. 吴砚农纪念文集 [M]. 天津：天津人民出版社，1997.

［58］晋察冀日报史研究会. 晋察冀根据地歌曲选 [M]. 晋察冀日报史研究会，1997.

［59］中央档案馆，河北省社会科学院，中共河北省委党史研究室. 晋察冀解放区历史文献选编（1945—1949）[M]. 北京：中国档案出版社，1998.

[60]宋家珩. 加拿大人在中国 [M]. 北京：东方出版社，1998.

[61]陆军参谋学院院史编辑委员会. 向前向前的光辉历程 [M]. 北京：解放军出版社，1998.

[62]北京艺术研究所等. 中国京剧史（中卷·上）[M]. 北京：中国戏剧出版社，1999.

[63]白求恩军医学院院史编委会. 白求恩的足迹在这里延伸：白求恩军医学院发展史 [M]. 北京：解放军文艺出版社，1999.

[64]梁启超. 梁启超全集（第 1 册）[M]. 北京：北京出版社，1999.

[65]乌兰夫. 乌兰夫文选（上）[M]. 北京：中央文献出版社，1999.

[66]高恩显. 中国人民解放军第四野战军卫生工作史资料选编（1945.8—1950.5）[M]. 北京：人民军医出版社，2000.

[67]内蒙古自治区地方志编纂委员. 内蒙古自治区志·政府志 [M]. 北京：方志出版社，2001.

[68]《北方交通大学志》编纂委员会. 北方交通大学志 [M]. 北京：中国铁道出版社，2001.

[69]陶汉章. 回忆与思考 [M]. 北京：国防大学出版社，2003.

[70]西柏坡纪念馆. 解读西柏坡 [M]. 北京：中央文献出版社，2004.

[71]孙犁. 孙犁全集（第 10 卷）[M]. 北京：人民文学出版社，2004.

[72]刘英杰. 中国教育大事典（1840—1949）[M]. 杭州：浙江教育出版社，2001.

[73]张静如等. 中国共产党通志（第 3 卷）[M]. 北京：中央文献出版社，2001.

［74］陕西省戏剧志编纂委员会. 陕西省戏剧志（省直卷）[M]. 西安：三秦出版社，2000.

［75］齐豫生等. 中国全史（第五卷）[M]. 长春：吉林摄影出版社，2002.

［76］吕才. 北京外国语大学组织史（1941.3—2001.3）[M]. 北京：北京燕山出版社，2003.

［77］谈天民. 从延安走来：北京理工大学的办学道路[M]. 北京：北京理工大学出版社，2004.

［78］曲士培. 抗日战争时期解放区高等教育[M]. 北京：北京大学出版社，2005.

［79］中共沧州市委党史研究室. 中国共产党沧州历史（1921—1949）[M]. 北京：中共党史出版社，2004.

［80］贾冀川. 20世纪中国现代戏剧教育史稿[M]. 北京：中国戏剧出版社，2006.

［81］贾志良. 流金岁月：西南交通大学百年故事集[M]. 成都：西南交通大学出版社，2006.

［82］中国人民大学校史研究丛书编委会. 中国人民大学纪事（1937—2007）[M]. 北京：中国人民大学出版社，2007.

［83］中共天津市委党史研究室. 天津党史资料与研究（第三辑）[M]. 天津：天津古籍出版社，2007.

［84］刘葆观. 血与火的洗礼——从陕北公学到华北大学回忆录（1937—1949）（下）[M]. 北京：中国人民大学出版社，2007.

［85］康克. 我这一百年 [M]. 长春：吉林人民出版社，2008.

［86］许承琦. 追回的记忆 [M]. 北京：中国社会出版社，2008.

［87］李德芳，李辽宁，杨素稳. 中国共产党思想政治教育史料选编 [M].
武汉：武汉大学出版社，2009.

［88］顾棣. 中国红色摄影史录（上）[M]. 太原：山西人民出版社，2009.

［89］胡华. 中国新民主主义革命史 [M]. 北京：中国青年出版社，2009.

［90］郑焱. 沐浴夕阳 [M]. 北京：北京理工大学出版社，2009.

［91］中共中央文献研究室，中国人民解放军军事科学院. 建国以来毛泽东
军事文稿（上）[M]. 北京：中央文献出版社，2010.

［92］张瑞林. 教育部直属综合性大学体育改革与发展（1990—2010）[M].
济南：山东大学出版社，2010.

［93］曹义孙等. 三十年中国法学教育大事记（1919—1949）[M]. 北京：
中国政法大学出版社，2011.

［94］中共中央文献研究室，中央档案馆. 建党以来重要文献选编（1921—
1949）（第二十二册）[M]. 北京：中央文献出版社，2011.

［95］何云庵，李万青. 竢实扬华　自强不息：从山海关北洋铁路官学堂到
西南交通大学（下）[M]. 成都：西南交通大学出版社，2011.

［96］李公朴研究会. 李公朴文集（下）[M]. 北京：群言出版社，2012.

［97］杨海等. 学史明志 [M]. 北京：北京理工大学出版社，2013.

［98］中共一大会址纪念馆. 中共一大代表早期文稿选编（1917.11—1923.7）
（上）[M]. 上海：上海人民出版社，2011.

［99］盖青. 1921—1949：中国共产党创建和领导的高等教育研究（上）[M].
　　广州：广东教育出版社，2012.

［100］石玉. 中国革命根据地教科书研究 [M]. 北京：知识产权出版社，2015.

［101］徐辉. 抗战大后方教育研究 [M]. 重庆：重庆出版社，2015.

［102］贾巨才，郎琦. 晋察冀边区首府张家口教育事业研究 [M]. 北京：红
　　旗出版社，2015.

［103］王巨才. 延安文艺档案·延安文学（第 31 册）延安文学组织 [M]. 西
　　安：太白文艺出版社，2015.

［104］顾明远，刘复兴. 从新民主主义教育到社会主义教育（1921—2012）
　　[M]. 北京：教育科学出版社，2015.

［105］杨天平，黄宝春. 中国共产党教育方针 90 年发展研究 [M]. 重庆：
　　重庆大学出版社，2015.

［106］张挚等. 中央苏区教育史料汇编（上）[M]. 南京：南京大学出版社，2016.

［107］张林雨. 当代戏曲理论家郭汉城评传 [M]. 北京：中国戏剧出版
　　社，2016.

［108］张家口察哈尔文化研究会. 战士·公仆·校长 —— 纪念郎宝信同志
　　诞辰 100 周年文集 [M]. 北京：中国言实出版社，2017.

［109］晋察冀边区阜平县红色档案丛书编委会. 晋察冀边区法律法规文件
　　汇编（上）[M]. 北京：中共党史出版社，2017.

［110］张金辉. 晋察冀解放区高等教育研究（1937—1949）[M]. 北京：中
　　国言实出版社，2018.

［111］张林雨. 郭汉城评传 [M]. 太原：北岳文艺出版社，2018.

［112］北京理工大学关工委秘书处组编. 桑榆情怀：我的北理故事 [M]. 北京：北京理工大学出版社，2018.

［113］成仿吾. 成仿吾往忆 [M]. 北京：商务印书馆，2019.

［114］高洪等. 百年美院　百年美育：中央美术学院校史图志（1918—2018）[M]. 长沙：湖南美术出版社，2019.

［115］姚宏杰，宋荐戈. 中国革命根据地教育史事日志 [M]. 济南：山东教育出版社，2020.

［116］边江等. 延安大学新闻班：中国共产党创办的第一个大学新闻专业 [M]. 北京：新华出版社，2020.

［117］沈达人. 近现代戏曲史论批评家丛谈 [M]. 北京：中国戏剧出版社，2021.

［118］郎琦. 晋察冀边区城市接管与建设工作研究 [M]. 北京：中国言实出版社，2022.

二、报刊、期刊、档案类

［1］晋察冀边区行政委员会成立三周年告全边区同胞书 [N]. 晋察冀日报，1941-1-18（1）.

［2］庆祝华北联合大学建校两周年 [N]. 晋察冀日报，1941-07-04（2）.

［3］华北联合大学发展的新时期 [N]. 晋察冀日报，1940-12-20（4）.

［4］中共中央对目前时局的宣言 [N]. 解放日报，1945-8-25（1）.

[5]冀察军区军事政治干部学校招生简章 [N]. 晋察冀日报，1945-9-13（4）.

[6]冀察军区司令部政治部关于移驻张家口的布告 [N]. 晋察冀日报，
1945-9-14（1）.

[7]华北联合大学附属行政人员训练所启事 [N]. 晋察冀日报，1945-9-14（4）.

[8]张家口医科专门学校招生简章 [N]. 晋察冀日报，1945-9-14（4）.

[9]华北联合大学启事 [N]. 晋察冀日报，1945-11-4（4）.

[10]内蒙古军政学院招生启事 [N]. 晋察冀日报，1945-12-20（4）.

[11]介绍华北联合大学（张家口广播）[N]. 晋察冀日报，1946-2-23（2）.

[12]中国医科大学成立 [N]. 晋察冀日报，1946-03-08（2）.

[13]白求恩医大附属医院护士学校招考新生 [N]. 晋察冀日报，1945-9-2（4）.

[14]联大附设行政人员训练所举行开学典礼 [N]. 晋察冀日报，1945-9-22（2）.

[15]彦涵. 村选 [N]. 晋察冀日报，1946-2-17（5）.

[16]古元. 减租斗争 [N]. 晋察冀日报，1946-2-17（5）.

[17]张望. 讨论候选人 [N]. 晋察冀日报，1946-3-3（5）.

[18]张仃. 民族形式的希特勒 [N]. 晋察冀日报，1946-3-14（1）.

[19]戚单，熊焰配图. 敌伪统治下的小学生生活——记扶轮小学高一甲的
回忆运动 [N]. 晋察冀日报，1946-4-4（3）.

[20]施展. 反恶霸 [N]. 晋察冀日报，1946-5-13（2）.

[21]慰劳东北民主联军联大同学捐出金器全校师生捐款达三十万 [N]. 晋
察冀日报，1946-6-14（2）.

[22]张望. 隗有清——纺织英雄介绍 [N]. 晋察冀日报，1946-6-16（4）.

［23］彦涵. 千古罪人一脉相传 [N]. 晋察冀日报, 1946-7-2（4）.

［24］华北联大同学暑期将下乡实习 [N]. 晋察冀日报, 1946-7-10（2）.

［25］联大美术系欢送同学下乡 [N]. 晋察冀日报, 1946-7-21（2）.

［26］晋察冀边区行政干部学校招生简章 [N]. 晋察冀日报, 1946-8-25（4）.

［27］华北联合大学第二次招生简章 [N]. 晋察冀日报, 1946-8-28（4）.

［28］白求恩医大附属医院护士学校招考新生 [N]. 晋察冀日报, 1946-9-2（4）.

［29］白求恩医科大学附属医院护士学校续招新生三十名 [N]. 晋察冀日报, 1946-9-2（4）.

［30］冀察军政干部学校第二期招生 [N]. 晋察冀日报, 1946-9-16（4）.

［31］不应把农村斗争的一套搬到学校中去 [N]. 晋察冀日报, 1948-2-2（1）.

［32］新中国的第一个新型正规大学中国人民大学举行开学典礼 [N]. 人民日报, 1950-10-4（1）.

［33］华北大学：新中国高等教育的摇篮 [N]. 燕赵晚报, 2014-10-08（A04）.

［34］中国劳动关系学院简介 [J]. 学校党建与思想教育, 2022（16）：94.

［35］晋察冀中央局. 关于古大存工作问题等的请示电 [A]. 中央档案馆档案, 1946.

［36］中共中央. 关于古大存工作问题及延大联大合并问题的复电 [A]. 中央档案馆档案, 1946.

［37］二十八画生. 体育之研究 [M]. 北京：人民体育出版社, 1958：4-5.

［38］丁帆. 群星闪耀的机体：忆华北联大文工团 [J]. 党史纵横, 1993（4）：9.

［39］方亭. 深切怀念林子明同志 [J]. 北京党史研究, 1996（6）：54-57.

［40］王炳照. 传承与创新——从新民主主义教育方针到社会主义教育方针 [J]. 北京大学教育评论，2009（1）：70-82+190.

［41］杨红彬. 培养工业技术干部的摇篮：晋察冀边区工业专门学校 [J]. 党史博采，2011（11）：49-51.

［42］周锦涛. 毛泽东城乡革命统筹思想的几个转折阶段 [J]. 毛泽东研究（2010 年），2011：126-137.

［43］张金辉，郎琦. 中国人民大学办学正规化现代化的重要时期——华北联大在张家口办学的历史考察与价值分析 [J]. 河北北方学院学报（社科版），2013（4）：75-80.

［44］申国昌. 抗战时期区域教育研究：以山西为个案 [M]. 北京：社会科学文献出版社，2014：118.

［45］郎琦等. 晋察冀边区首府张家口高等教育探研 [J]. 河北师范大学学报（教育科学版），2016（4）：48-53.

［46］张金辉等. 内蒙古军政学院探析 [J]. 河北北方学院学报（社会科学版），2018（4）：65-68.

［47］关彦琦等. 白求恩学校在晋察冀首府张家口市办学的价值考量 [J]. 河北北方学院学报（社科学版），2020（2）：42-45.

［48］张金辉等. 尘封的历史：中国医科大学在晋察冀首府张家口办学的几点考释 [J]. 张家口职业技术学院学报，2021（1）：21-23.

［49］刘颖. 北平军管会对清华大学的接管 [J]. 当代中国史研究，2010（7）：63-68.

[50]张金辉，郎琦. 晋察冀边区工业专门学校在张家口的创办及主要经验 [J].

石家庄学院学报，2022（5）：17-22.

[51]赵薇. 论劳动学院与中国劳动关系学院的校史渊源 [J]. 中国劳动关系

学院学报，2023（5）：24-33.

后 记

本书既是河北省社科基金 2020—2021 年度项目（编号：HB20JY037）的最终成果，也是我个人从事晋察冀边区高等教育研究的一个全面总结。

我从小生长在遥远的南方，但自 2008 年第一次来到长城脚下的城市——原晋察冀边区首府张家口市，便被巍巍的长城、宏伟的大境门、古朴的"堡子里"、"品"字形的欧式建筑"晋察冀军区司令部"，等等，深深吸引。自 2010 年参加工作起，我便开始从事晋察冀边区教育事业的研究工作了。起初，我将研究视野着眼于曾在张家口办学的主要高等学校。2011 年，我申报了学校科研基金项目"华北联合大学在张家口办学的历史考察与价值分析"，后又参与了《晋察冀边区首府：第二延安张家口》（研究出版社，2013）一书中文教内容的编写工作。2014 年，我为《晋察冀边区首府张家口教育事业研究》（红旗出版社，2015）一书提供了大量历史资料和个人前期研究随笔。2016 年至 2018 年，我成功申报并顺利完成了自己的第一个省社科基金课题，并获得"优秀"结项等级。结项成果《晋察冀解放区高等教育研究（1937—1949）》（中国言实出版社，2018），被北京大学、清华大学、中国人民大学、北京师范大学和首都师范大学等国内知名高校图书馆及各省图书馆收藏。2017年，我开始逐渐拓宽研究视野，与张冬霞合著的《近代察哈尔文化问题研究》（中国言实出版社，2017），个人独著的《晋察冀边区首府张家口文教事业研究》（中国言实出版社，2021），先后荣获河北省社会科学优秀成果三等奖。

一步步走来，虽历经艰辛，但也苦中有乐。对于晋察冀边区高等教育的研究，虽然可谓小有成绩，但在些微的成就感中，仍然觉得还有些许遗憾。在上述研究成果中，我虽然详细梳理了晋察冀边区高等教育的发展历程和发展阶段、总结了各阶段的主要特征，但未能将其置于全国视野之中，没有从全局性的角度，审视其在由革命战争到国家建设的过渡中的意义与作用，更没有系统地总结晋察冀边区高等教育的历史经验和现实启示。自2019年，进入首都师范大学攻读博士学位开始，我就对晋察冀边区高等教育的历史经验问题进行了深入思考，也幸运地再次获批2020—2021年度河北省社科基金课题，本课题一直伴随我博士毕业。我充分利用北京高校优越的科研条件，历时5年有余开展接续研究，终于汇集成著。

本著通过阶段考察和整体研究，发现晋察冀边区高等教育虽经历了各具特点的三个发展阶段，但总体而言逐步由"短期流动"向"稳定正规化"办学过渡，由"旧型正规化"向"新型正规化"发展，最终于 1948 年与晋冀鲁豫解放区高等教育合并、重组，成为华北解放区高等教育的重要组成部分和新中国高等教育的中坚力量。通过对各类高等学校课程与教学材料的收集和整理，我发现晋察冀解放区是中国共产党领导下高等教育的星火得以燎原的典范，各高等学校扎根中国大地办学，坚持党的领导和思想政治教育，培育广大学员为人民服务的意识，不仅为抗日战争和解放战争的胜利贡献了力量，为解放区和国家的建设输送了人才，而且在战火中积累了高等教育的中国经验。革命战争年代，域内各高等学校在战争的烈火中淬炼成钢，根据战争形势和解放区乃至国家建设的需要，强调理论联系实际，教育与生产劳动和革命建设相结合，发扬党的光荣传统和优良作风，将中国共产党革命教育积累的红色元素发扬光大，传承了红色基因。晋察冀边区高等教育的历史经验，对当代中国特色高等教育，特别是对当前中国式现代化与一流大学的建设与发展提供了重要的历史镜鉴。

"以史为鉴，可以知兴替"，本著再现了中国共产党在革命战争的艰苦环境中，适时地根据战争形势的需求，调整办学方针和策略，领导各高等学校扎根中国大地办学的艰难历程，总结晋察冀边区在战火中形成和积累的高等教育的宝贵经验。当然，因历史视角、学术背景不同，所涉资料和本人学识不足，书中难免有诸多遗漏和不足。该作实为作者个人一孔之见，意在投砾引珠。希冀有更多同好之友，切磨箴规，以臻完善。借此感谢本书写作和出版过程中给予我启发与帮助的同仁、老师和亲友。首先，要感谢张家口察哈尔文化研究会将本著的出版列入其学术研究规划，并给予关注与支持；其次，要感谢河北北方学院法政学院院长贾巨才教授，对本研究的鼓励与帮助；最后，还要感谢我的家人，爱人郎琦与犬子郎鹏宇协助我搜集与整理史料，大大推进了本著的出版周期。笔墨虽尽，感激之情永存心间！

张金辉

2025 年元旦